工业和信息化蓝皮书

消费品工业发展报告
（2019—2020）

Annual Report on the Development of Consumer Goods Industry

（2019–2020）

尹丽波　主编
国家工业信息安全发展研究中心

電子工業出版社·

Publishing House of Electronics Industry
北京·BEIJING

图书在版编目（CIP）数据

消费品工业发展报告. 2019—2020 / 尹丽波主编. —北京：电子工业出版社，2020.7
（工业和信息化蓝皮书）

ISBN 978-7-121-39183-5

Ⅰ. ①消…　Ⅱ. ①尹…　Ⅲ. ①消费品工业—工业发展—研究报告—中国—2019-2020
Ⅳ. ①F426.8

中国版本图书馆 CIP 数据核字（2020）第 113627 号

责任编辑：刘小琳　　特约编辑：韩国兴
印　　刷：北京盛通印刷股份有限公司
装　　订：北京盛通印刷股份有限公司
出版发行：电子工业出版社
　　　　　北京市海淀区万寿路 173 信箱　　邮编：100036
开　　本：720×1 000　1/16　印张：13　字数：200 千字
版　　次：2020 年 7 月第 1 版
印　　次：2020 年 8 月第 2 次印刷
定　　价：128.00 元

凡所购买电子工业出版社图书有缺损问题，请向购买书店调换。若书店售缺，请与
本社发行部联系，联系及邮购电话：（010）88254888，88258888。

质量投诉请发邮件至 zlts@phei.com.cn，盗版侵权举报请发邮件至 dbqq@phei.com.cn。

本书咨询联系方式：liuxl@phei.com.cn，（010）88254538。

工业和信息化蓝皮书
编委会

《消费品工业发展报告（2019—2020）》课题组

课题编写　国家工业信息安全发展研究中心

　　　　　数据资源所

组　　　长　何小龙

副 组 长　陈正坤　郝建青　李琳琳

成　　　员　贾　丹　高卉杰　郭永新　屠振华

　　　　　温　凯　朱　军　高　岩　刘　欣

　　　　　林　娜　徐红梅　张洁雪　王予正

　　　　　郭　鹏　周卫红　赵　千　冯　华

　　　　　王思檬　郎宇洁　冯开瑞　郜媛莹

主 编 简 介

尹丽波　国家工业信息安全发展研究中心主任，党委副书记，正高级工程师，国家信息化和工业化融合管理技术标准委员会副主任委员，享受国务院特殊津贴；长期跟踪研究工业信息化和工业信息安全技术和产业发展情况，在工业互联网、信息化和工业化融合，以及网络安全等方面发表多篇文章，主持编著多部相关书籍；主持的研究成果曾获部级一、二、三等奖。

国家工业信息安全发展研究中心

  国家工业信息安全发展研究中心，前身为工业和信息化部电子科学技术情报研究所，成立于 1959 年。经过 60 多年的发展与积淀，国家工业信息安全发展研究中心在工业信息安全、信息化和工业化深度融合、工业互联网、软件、大数据、人工智能、军工电子和工业经济等诸多领域具有较强的优势积累和持续能力，逐渐形成软硬协同的业务体系。多年来，国家工业信息安全发展研究中心积极参与国家重大战略、规划、政策编制，为行业主管部门、科研机构、高等院校和行业企业提供专业咨询和技术服务。国家工业信息安全发展研究中心还是信息化和工业化融合服务联盟、工业信息安全产业发展联盟等的发起单位和依托单位。

  国家工业信息安全发展研究中心将深入贯彻习近平新时代中国特色社会主义思想，以服务于新时代制造强国和网络强国建设为使命，以保障工业领域信息安全、推进信息化和工业化深度融合为主攻方向，致力于成为支撑国家战略决策的高端智库和服务产业创新发展的权威机构。

序 言

全球新一轮科技革命和产业变革加速推进，在构建新动能、培育新经济、打造新模式、孕育新生态等方面发挥了重要作用。习近平总书记指出，促进数字经济和实体经济融合发展，加快新旧发展动能接续转换，打造新产业新业态，是各国面临的共同任务。各国将新一代信息技术视为推动经济持续增长的重要驱动力，着力推动技术创新、融合应用和产业发展。我国积极推进产业数字化、数字产业化发展，取得明显成效。站在我国发展新的历史方位，要全面贯彻新发展理念，以信息化培育新动能，用新动能推动新发展，以新发展创造新辉煌。

数字产业化构筑发展新动能，信息技术迭代升级和融合应用协同发展

"数据+算法+算力"成为信息技术迭代升级的关键驱动，5G、大数据、云计算、人工智能等基础技术研发和应用落地齐头并进。我国着力推动信息技术自主创新，兼顾前瞻技术研发布局和基础技术行业应用。在政策引导、投资催化和行业应用等多重助力下，我国在 5G、人工智能等领域已经形成局部技术优势和产业积累。在新冠肺炎疫情防控期间，5G+8K 超清视频直播和云课堂、云视频迅速普及，培育了大众的使用习惯。人工智能在安防、金融、客服、零售、医疗、教育等领域落地应用加速，语音识别、人脸设备、生物特征等应用领域技术研发取得重要突破。围绕量子计算的基础研究和技术探索热度不减，区块链技术在金融、支付、溯源和监管等领域应用率先突破。

产业数字化走向实践深耕，制造业数字化转型进入加速变革阶段

国际上，工业大国围绕制造业数字化转型出台新一轮工业战略规划，聚焦人工智能技术应用、智能制造、数字化技术研发、数据资源管理应用等领域，抢占数字经济和智能制造新高地。我国工业互联网发展进入实践深耕，在加速工业技术改革创新、推动产业数字化转型、释放经济发展新动能等方面的基础性作用开始显现。"5G+工业互联网"开启工业互联网融合创新，推动工业互联网从单点和局部应用走向生产要素全面互联。我国高度重视工业互联网创新能力的持续提升，面向制造业数字化、网络化、智能化发展需求，着力布局发展工业互联网覆盖数据全生命周期的管理和服务能力，实现数据驱动的实时分析、智能优化和科学决策，发挥工业数据要素的核心作用。

工业信息安全保障工作系统推进，网络安全成为信息化发展的重要组成

制造业数字化转型深入推进，使得工业体系走向开放互联，IT/OT进一步融合，伴生的网络安全风险挑战日益严峻，制造业和能源行业处于十大最易受网络攻击的行业之列。当前，我国正处于由工业经济向数字经济加速转型的战略机遇期，制造业正由数字化阶段迈向网络化阶段，工业实体趋向泛在互联，工业互联网安全逐渐成为现阶段工业信息安全的重点和核心，工业信息安全从面向企业端的工业控制系统安全逐步延伸至工业互联网安全、工业数据安全等领域。安全是发展的前提，发展是安全的保障，在当前新型基础设施蓄势待发的背景下，必须同步布局网络安全保障，坚持网络安全教育、技术、产业融合发展，形成人才培养、技术创新、产业发展的良性生态。

我们要以习近平新时代中国特色社会主义思想为指导，深入推进新基建建设和数字经济战略实施，充分发挥数字要素的重要作用，加快数字产业化和产业数字化，培育壮大新动能，形成新动能主导经济创新发展的新格局。

一是明确 5G、数据中心、工业互联网等新基建建设思路和路径。优化和细化新型基础设施发展的顶层设计和长远规划，明确新基建投资建设的主导技术架构、主流技术路线和商业投资模式，推进传统物理基础设施体系的结构与重组和传统信息基础设施的升级与转型，鼓励发展基于数字新基建的创新应用，整合科技、人力、市场等多方优势资源，形成政府、企业、社会等多主体协同参与的多元化、市场化建设模式，形成科技创新、市场培育和基础设施建设一体化协同推进的良好局面。

二是充分发挥数据要素的价值和作用。围绕数据的获取、传输、管理、处理、分析和应用等环节，加快推进满足数据应用需求的网络基础设施构建。系统布局技术、产品、企业、行业与产业发展，以数据引领物资流、人才流、技术流、信息流、资金流，加快打造产业链上下游和跨行业融合，打造协同推进的数据产业链，建立数字化生态体系。发展和培育数据要素市场，探索建立有利于数据资源要素自由流通的市场分配机制，完善数字化生产关系，促进多源数据流通共享和数据创新应用，助力企业发展和经济增长。

三是大力推动区块链等核心技术自主创新和融合发展。加快基础技术理论研究，密切跟踪发展动态，积极探索发展规律。重视关键标准研究和制定，服务技术落地和产业化发展。加快区块链、量子计算、人工智能、大数据、物联网等前沿信息技术的深度融合，推动集成创新和行业应用。

四是深入推进制造业数字化转型加速变革。加快 5G、人工智能、区块链等新一代信息技术集成应用和创新，强化共性平台开发、共性解决方案研发和开源社区发展，着力突破基础软硬件、工业软件等短板，实现智能化生产、服务化延伸、网络化制造、个性化生产，加速企业数字化转型并促进产业链上下游协同发展。

五是加快夯实网络安全基础能力。把网络安全作为数字经济发展和新型基础设施建设的重要组成部分，与信息化建设同步规划、建设和实施，面向各行业领域复杂应用场景，促进相关安全架构、技术、产品、服务和产业的差异化和多样化发展，推动行业产品创新迭代。加强对 5G、工业互联网、大数据中心、人工智能等新型基础设施重要领域安全基础技术的研究，体系化布局监测响应、态势感知、追踪溯源、应急处置等安全能力，加速建立适应大连接、全感知网络生态的安全防护机制和体系。

2020 年是"十三五"的收官之年、"十四五"的启动时刻，也是全面建成小康社会的决胜之年。工业和信息化领域是数字中国建设的核心和重点，更是全球产业竞争的战略高地。值此之际，国家工业信息安全发展研究中心推出 2019—2020 年度"工业和信息化蓝皮书"，深入分析研判了数字经济、工业信息安全、人工智能、新兴产业、消费品工业等重点领域的最新态势和发展趋势。相信读者能从新颖的观点分析、翔实的数据案例、丰富的案例实践中有所收获，深刻理解和把握产业数字化、数字产业化赋予的机遇，共同为我国工业和信息化建设持续贡献力量。

是为序。

中国工程院院士

摘　要

消费品工业是国民经济和社会发展的基础性、民生性、支柱性、战略性产业，直接生产满足人民吃、穿、用等物质资料，涵盖了轻工、食品、纺织、医药、烟草五大工业门类。改革开放以来，我国消费品工业总体上保持平稳健康发展，形成了市场化、国际化的消费品工业体系，基本保障和满足了人民群众不断增长的消费需求，对稳增长、促改革、调结构、惠民生发挥了重要作用。

2019 年，在稳中求进的工作基调下，我国消费品工业大力推进供给侧结构性改革，增强创新发展内生动力，围绕"品种丰富度、品质满意度、品牌认可度"将"三品"战略专项行动推向深入，积极稳妥去产能、培育发展新动能、发展先进制造业，将消费品工业的质量标准体系建设推向了新高度。

2019 年，我国消费品工业也面临诸多风险和挑战。在国际层面，地缘冲突、金融市场动荡、大宗商品依赖度加重、数字经济发展不均衡、单边主义和保护主义抬头等问题频出，尤其是 2018 年的中美经贸摩擦，使我国消费品工业扩大出口、企业全球化运营面临更多困难和风险。在国内层面，经济去杠杆，环保限产，投资、消费和出口下滑导致我国实体经济供需下行压力加大，叠加汇率风险、地方债务风险、国企债务风险及互联网金融风险等诸多不稳定因素，严重影响了我国消费品工业的发展。同时，我国消费品工业发展过程中面临的新旧动能转换、融资难、综合成本高、转型难度大等诸多问题和困难依然存在。

受上述因素的综合影响，2019 年我国消费品工业整体呈现延续放缓态势，中高端消费品供给水平有所提升。全年消费品工业增加值同比增长

4.63%，增速较 2018 年下降 1.13%，其中，轻工（含食品）、医药、纺织和烟草行业工业增加值同比分别增长 4.5%、7.6%、2.4%和 5.2%，增速较 2018 年分别减少 1.2%、2.5%、0.5%和 0.8%。

为全面把握 2019 年我国消费品工业的发展态势，总结研判消费品工业领域一系列重大问题，国家工业信息安全发展研究中心在对我国消费品工业长期持续跟踪研究的基础上，联合中国轻工业联合会、中国食品工业（集团）有限公司、中国医药企业管理协会、中国纺织工业联合会、北京时代方略企业管理咨询有限公司等单位共同编撰了《消费品工业发展报告（2019—2020）》。全书分为总报告、行业篇、政策法规篇、专题篇、附录 5 个部分，从多个角度对 2019 年消费品工业发展情况进行深度研究，包括消费品工业总体面临的国内外环境、消费品工业总体及各行业运行情况、景气指数、消费升级，对消费品工业就业、中美经贸摩擦和新冠肺炎疫情对消费品工业的影响等热点问题做了专题论述，并对消费品工业产业转移、转型升级、智能化等进行了深入分析。

展望未来，随着我国新基建的建设进入实施阶段，以 5G、人工智能、大数据、云计算等为代表的新一代信息技术将加速我国向数字经济的转型发展，科技创新引领我国消费品工业制造升级步伐有望继续加快，从而促进消费品工业产业链上下游联动发展，实现产业与消费"双升级"，为实现两个 100 年奋斗目标做出应有贡献。

关键词：消费品工业；景气指数；消费升级

Abstract

The consumer goods industry is the foundation, nature, pillar and strategic industry of national economic and social development. It directly produces materials that meet the needs of the people for food, clothing and use, covering five major industrial categories, namely light industry, food, textile, medicine and tobacco. Since the reform and opening up, China's consumer goods industry has maintained a stable and healthy development on the whole, forming a market-oriented and internationalized consumer goods industry system, basically guaranteeing and meeting the growing consumer demand of the people, and playing an important role in stabilizing growth, promoting reform, adjusting the structure, and benefiting the people.

It is a crucial year for deepening supply-side structural reform and deepening the implementation of the "three products" strategy in 2019. In light of seek improvement in stability work tone, the consumer goods industry vigorously promotes the reform of supply side structural development of endogenous power, enhances innovation. The special action of "three products" strategy is carried out in depth around "species richness, brand recognition, quality satisfaction". Which actively yet prudently to capacity, foster the development of new kinetic energy, the development of advanced manufacturing industry, the consumer goods industry quality standard system construction to a new height.

2019, China's consumer goods industry faces constant risks and challenges. At the international level, problems frequently arise, such as geopolitical conflicts, financial market turmoil, increasing dependence on commodities, unbalanced development of the digital economy, rising unilateralism and protectionism. Especially, the economic and trade frictions in 2018, which have made it more difficult and risky for China's consumer goods industry to expand exports and enterprises to operate globally. Domestic level, it has a downward pressure of supply and demand to leveragein the real economy, such as environmental limit production, investment, consumption and exports decline. At the same time, that bring many unstable factors to the real economy, for example, the exchange rate risk, the local debt risk, debt risk in state-owned enterprises and the Internet financial risk. The consumer goods industry development of our country faced in the process of old and new kinetic energy conversion, financing difficulties, the high comprehensive cost, the difficulty of transformation, and many other problems and difficulties.

Under the combined influence of the above factors, the consumer goods industry as a whole continued to slow down in 2019, and the supply level of middle and high-end consumer goods increased. The industrial added value of consumer goods industry increased by 4.63% year on year, 1.13 percentage points lower than that of 2018. The industrial added value of light industry (including food), pharmaceutical, textile and tobacco industries increased by 4.5%, 7.6%, 2.4% and 5.2% year on year respectively, which decreased by 1.2, 2.5, 0.5 and 0.8 percentage points compared with that of 2018.

In order to grasp the development trend of China's consumer goods industry in the past year, a series of major problems in consumer goods industry were summarized and reviewed. On the basis of tracking research on China's consumer goods industry, China Industrial Control System Syber Emergency Response Team(CICS-CERT) has organized and compiled *Annual Report on the Development of Consumer Goods Industry(2019-2020)*. The book includes the General Report, Industry Report, Policies and Regulations,

Specila Topics, Case Report and Appendix, which studies the consumer goods industry development situation in 2019 from the perspective of multiple depth, including the overall environment at home and abroad, the operation of consumer goods industry and each subdivision, prosperity index and consumption upgrade, the impact on consumer goods industry of consumer goods industry employment, economic and trade frictions and 2019-nCoV hot issue is also discussed, and make the case study on consumer goods industry transfer, transformation and upgrading, and intelligent.

Looking forward to the future, with a new generation of information technology such as 5G, Artificial Intelligence, Big Data and Cloud Computing to speed up the infiltration and popularization application, as well as the relevant national policies to actively support, new technology and new formats for consumer goods industry upgrade will become the core variables, the pace of science and technology innovation leading consumer goods industry upgrading is expected to continue to speed up, so as to promote the industry chain upstream and downstream of consumer goods industry linkages development, realizes the industry and consumer "upgrade". Make due contribution to the realization of the two 100-year goals.

Keywords: Consumer Goods Industry; Prosperity Index; Consumption Upgrade

目　录

Ⅳ　专题篇

Ⅴ　附录

Ⅰ 总 报 告

General Report

General Report

B.1

2019 年我国消费品工业发展概况

高卉杰　贾丹[1]

摘　要： 2019 年，受国内外多种因素的影响，我国消费品工业总体增速呈现延续放缓态势，出口和利润增速明显下滑，固定资产投资行业分化突出。消费品工业企业逐步向"服务型制造"发展方式升级，产业结构不断优化，新动能领域保持高速增长，行业整合步伐加快，世界级品牌企业加快涌现。各子行业呈现分化增长，轻工行业实现了势头稳、效益升的良好运行态势，领跑整个消费品工业；食品和医药行业增势有所减缓；纺织行业主要经济运行指标均呈现放缓态势。展望 2020 年，全球经济将面临收缩风险，消费品工业将依然曲折前行，"逆全球化"风潮、中美经贸摩擦、新冠肺炎疫情等制约经济增长的不确定性风险因素仍不容忽视。

关键词： 消费品工业；供给侧结构性改革；智能化；新常态

---

[1] 高卉杰，国家工业信息安全发展研究中心工程师，北京科技大学博士（后），主要研究方向为消费品、中小企业等；贾丹，国家工业信息安全发展研究中心工程师，中国科学院大学硕士，主要研究方向为消费品、中小企业等。

Abstract: In 2019, influenced by various factors at home and abroad, China's consumer goods industry continued to slow down on the whole, the growth rate of export and profit declined significantly, and the fixed asset investment industry was sharply differentiated. The enterprises of consumer goods industry have gradually upgraded to the development mode of "service manufacturing", the industrial structure has been constantly optimized, the new growth drivers have maintained a high speed, the pace of industrial integration has accelerated, and the emergence of world-class brand enterprises has been accelerated. The sub-industries show differentiated growth. The light industry has achieved a good running trend of stable momentum and rising benefits, leading the whole consumer goods industry. The growth in food and pharmaceutical industries has slowed. The main economic indicators of textile industry are slowing down. In 2020, the global economy will face the risk of contraction, and the consumer goods industry will continue to make tortuous progress. Uncertain risk factors such as "anti-globalization" trend, economic and trade frictions, and other threats to economic growth should not be ignored.

Keywords: Consumer Goods Industry; Intelligence; Supply-side Structural Reform; New Normal

一、2019 年消费品工业面临的国际、国内环境

（一）国际环境

纵观 2019 年的国际环境，风险和挑战不断。在全球产业链、供应链、

价值链紧密相连的情景下，地缘冲突、金融市场动荡、大宗商品依赖度加重、数字经济发展不均衡、单边主义和保护主义抬头等问题频出，尤其是 2018 年的中美经贸摩擦，对 2019 年全球贸易和全球制造业的影响远远超过预期，世界经济持续低迷，经济合作与发展组织和国际货币基金组织等机构多次下调全球经济增长预期。联合国发布的《世界经济形势与展望 2020》显示，由于贸易局势及投资的大幅缩减，全球经济增速在 2019 年降至 2.3%，为 10 年来的最低水平。德国安联集团旗下信贷保险公司裕利安怡的研究结果表明，2019 年全球商品和服务贸易量仅增长了 1.5%，远低于 2018 年的 3.0%。世界经济下行压力通过全球产业链影响传导到我国消费品工业，使我国消费品工业发展因全球不确定性而受阻，而我国私人消费的稳步增长在一定程度上抵消了这一影响。

另外，自 2019 年 5 月以来，中美经贸摩擦再度升级，美国不断对中国输美商品加征新的关税，关税措施覆盖大约 5500 亿美元的中国商品，对我国消费品工业出口造成较大影响。

展望未来，全球以信息网络、智能制造、新能源和新材料为代表的技术创新浪潮，正在推动新一轮产业变革，世界制造业发展格局面临重大调整，全球价值链重构已经拉开序幕。受此影响，我国消费品工业生产制造方式、组织形态、商业模式和技术创新路径逐步向数字化、智能化转型，同时，2019 年 12 月 13 日中美贸易达成第一阶段经贸协议也使未来我国消费品工业看到一丝曙光。

（二）国内环境

在全球经济显著放缓的背景下，2019 年中国经济增速下行压力明显，但在国内"六稳"政策和相关领域推出的一系列改革措施的作用下，我国经济运行总体平稳。国家统计局数据显示，2019 年我国 GDP 总值达 99.09 万亿元，同比增长 6.1%；全国规模以上工业增加值同比增长 5.7%；社会消费品零售总额为 41.16 万亿元，同比增长 8.0%；全国固定资产投资（不含农户）达 55.15 万亿元，同比增长 5.4%，增速明显领先于世界其他主要经济体。海关总署数据显示，2019 年我国货物贸易进出口总值为 31.54 万亿元，同比增长 3.4%。其中，货物贸易出口额为 17.23 万亿元，增长 5%；进口额为 14.31 万亿元，增长 1.6%；贸易顺差达 2.92 万亿元，扩大 25.4%。

在我国经济长期向好的趋势下，2019 年我国政府进一步推动供给侧结构性改革，深入实施"三品"战略，积极化解产能过剩问题，促进新业态、新模式快速发展。这一系列积极举措，使社会消费品零售（同比增长 8.0%）、消费升级类商品和国际市场开拓增势良好。例如，消费升级类商品，全年限额以上单位化妆品类、通信器材类、体育娱乐用品类、家用电器和音像器材类商品零售额增速分别比限额以上社会消费品零售额增速高 8.7%、4.6%、4.1%、1.7%；对欧盟、东盟、"一带一路"沿线国家进出口同比分别增长 8.0%、14.1%、10.8%。随着国内关于减税降费、优化营商环境等政策的出台及产业发展新趋势的出现，我国消费品工业企业开拓发展的信心得到了显著增强。以 5G、智能制造、工业互联网为代表的新一代信息技术发展正在推动大型消费品工业企业逐步实现柔性化、数字化和智能化生产。受上述因素的综合影响，2020 年我国消费品工业将保持稳中趋缓的总体形势。

二、2019 年消费品工业发展状况

（一）总体呈现放缓态势，下行压力凸显

受国内外多种因素影响，2019 年 1—12 月，我国全部工业增加值累计增速较 2018 年同期收缩 0.5%；在消费品工业大类中，轻工、食品、烟草、医药、纺织行业增加值累计同比增速分别为 4.8%、4.1%、5.2%、6.6% 和 2.4%，较 2018 年均呈现了不同程度的下滑，其中，食品、医药降幅相对较大，较 2018 年分别下降 2.4% 和 3.1%，轻工、烟草、纺织降幅相对较小，

较 2018 年分别下降 0.4%、0.8%和 0.5%。

表 1-1　主要消费品行业工业增加值累计增速　　（单位：%）

行　　　业	2019 年 1—12 月	2018 年 1—12 月
工业	**5.7**	**6.2**
轻工	**4.8**	**5.2**
皮革、毛皮、羽毛及其制品和制鞋业	2.1	4.7
家具制造业	2.5	5.6
造纸及纸制品业	4.2	1.0
文教、工美、体育和娱乐用品制造业	1.1	7.8
印刷和记录媒介复制业	2.5	6.6
橡胶和塑料制品业	4.8	3.2
食品	**4.1**	**6.5**
农副食品加工业	1.9	5.9
食品制造业	5.3	6.7
酒、饮料和精制茶制造业	6.2	7.3
烟草	**5.2**	**6.0**
烟草制品业	5.2	6.0
医药	**6.6**	**9.7**
医药制造业	6.6	9.7
纺织	**2.4**	**2.9**
纺织业	1.3	1.0
纺织服装、服饰业	0.9	4.4
化学纤维制造业	11.9	7.6

资料来源：国家统计局，行业大类（轻工、食品、烟草、医药、纺织）数据为作者根据细分行业数据进行测算得到的。

在 14 个细分行业中，仅造纸及纸制品业、橡胶和塑料制品业、纺织业、化学纤维制造业 4 个行业工业增加值增速呈现上升趋势，其他行业增速均出现了不同程度的下滑。其中，文教、工美、体育和娱乐用品制造业，印刷和记录媒介复制业，农副食品加工业，纺织服装、服饰业 4 个行业工业增加值增速同比下降幅度较为明显，分别下降 6.7%、4.1%、4.0% 和 3.5%。

（二）固定资产投资行业分化突出，新动能领域保持高速增长

近年来，人工智能、大数据、云计算等新一代信息技术的创新和发展推动着企业的数字化、智能化转型，同时受国家淘汰落后产能的力度持续加大、消费升级逐步推进、培育发展新动能等因素影响，医药、酒、饮料和精制茶等行业的制造业投资出现较快增长，均高于制造业 3.1% 的增速水平。其中，计算机、通信和其他电子设备制造业投资增长 16.8%，连续 5 年两位数增长；医药制造业投资增长 8.4%；酒、饮料和精制茶制造业投资实现由负转正，增长 6.3%。

然而，部分轻工（含食品）、纺织、烟草行业投资增速显著低于制造业整体水平，在 2015 年以来投资低增长的基础上，呈现下滑趋势，多数行业在 2019 年投资增长由正转负。轻工（不含食品）、纺织主要行业投资增长逐年下降趋势尤为明显，投资压力日益加大。其中，家具制造业投资下降 0.7%，比 2018 年低 23.9%；造纸及纸制品业投资下降 11.4%，比 2018 年低 16.5%；纺织业投资下降 8.9%，比 2018 年低 14.0%。食品和烟草行业投资也呈现出不同程度的下降，农副食品加工业、食品制造业投资分别下降 8.7% 和 3.7%，分别比 2018 年低 8.7% 和 7.5%，烟草制品业投资下降 0.2%，比 2018 年略低 1.5%，如表 1-2 所示。

表 1-2　消费品分行业固定资产投资增长情况

固定资产投资同比累计增长/%	2015 年	2016 年	2017 年	2018 年	2019 年
制造业	8.1	4.2	4.8	9.5	3.1
农副食品加工业	7.7	9.5	3.6	0.0	-8.7
食品制造业	14.4	14.5	1.7	3.8	-3.7
酒、饮料和精制茶制造业	4.4	0.4	-5.9	-6.8	6.3
皮革、毛皮、羽毛及其制品和制鞋业	10	6.6	4.2	3.1	-2.6

续表

固定资产投资同比累计增长/%	2015 年	2016 年	2017 年	2018 年	2019 年
家具制造业	17.7	6.4	23.1	23.2	-0.7
造纸及纸制品业	0.4	9.9	1.2	5.1	-11.4
文教、工美、体育和娱乐用品制造业	29.7	13.5	8.4	8.1	-2.4
烟草制品业	-6.5	-21.2	-11.5	1.3	-0.2
医药制造业	11.9	8.4	-3.0	4.0	8.4
纺织业	12.8	10.7	5.9	5.1	-8.9
纺织服装、服饰业	22.0	5.6	7.0	-1.5	1.8

资料来源：国家统计局。

（三）出口增速大幅下滑，各细分子行业均出现下降

全球经济增长动能持续弱化，全球制造业持续收缩，美国对华加征关税，这些不利因素对我国消费品工业出口产生较大影响。2019 年，轻工、食品、烟草、医药、纺织行业出口交货值累计同比增长分别为 2.1%、3.3%、3.0%、7.1% 和 -2.5%，较 2018 年均呈现出不同程度的下降。其中，烟草出口交货值同比增长降幅最大，较 2018 年下降 10%；其次是纺织，其出口交货值同比增长较 2018 年下降 4.0%；轻工和食品出口交货值同比增长较 2018 年分别下降 3.5% 和 2.0%，如表 1-3 所示。

表 1-3 消费品工业出口交货值同比增长情况　　　　（单位：%）

行　　业	2019 年 1—12 月	2018 年 1—12 月
工业	**1.3**	**8.5**
轻工	**2.1**	**5.6**
皮革、毛皮、羽毛及其制品和制鞋业	-1.7	2.7
家具制造业	-2.4	2.4
造纸及纸制品业	3.4	2.5
文教、工美、体育和娱乐用品制造业	3.5	2.5
印刷和记录媒介复制业	3.1	6.1
橡胶和塑料制品业	0.0	6.6

续表

行 业	2019 年 1—12 月	2018 年 1—12 月
食品	**3.3**	**5.3**
农副食品加工业	2.4	3.6
食品制造业	6.1	8.0
酒、饮料和精制茶制造业	-1.0	10.4
烟草	**3.0**	**13.0**
烟草制品业	3.0	13.0
医药	**7.1**	**11.3**
医药制造业	5.3	11.4
纺织	**-2.5**	**1.5**
纺织业	-2.4	3.3
纺织服装、服饰业	-2.1	-0.9
化学纤维制造业	-5.3	8.1

资料来源：国家统计局，行业大类（轻工、食品、烟草、医药、纺织）数据为作者根据细分行业数据进行测算得到的。

从 14 个细分行业来看，除造纸及纸制品业，文教、工美、体育和娱乐用品制造业两个行业出口交货值同比增长较 2018 年略有提升外，其余行业出口交货值同比增长均呈现了不同程度的下降。其中，化学纤维制造业累计出口交货值同比下降 5.3%，较 2018 年下降 13.4%，降幅最大；酒、饮料和精制茶制造业出口交货值同比下降 1.0%，较 2018 年下降 11.4%；烟草制品业出口交货值同比增长 3.0%，较 2018 年下降 10%；农副食品加工业、纺织服装、服饰业出口交货值同比增长分别为 2.4% 和-2.1%，较 2018 年均下降了 1.2%，降幅最小。

（四）利润增速分化显著，营业成本增长整体呈下降态势

2019 年，在消费品工业大类中，行业利润增速呈现明显的分化，轻工、烟草利润同比增长 6.5% 和 1.3%，分别较 2018 年提高 4.4% 和 5.9%，而纺织、医药、食品利润同比增长-11.8%、6.7% 和 7.8%，较 2018 年分别下降

19.8%、4.1%和3.0%。从细分行业来看，橡胶和塑料制品业，家具制造业，食品制造业，文教、工美、体育和娱乐用品制造业4个行业利润同比增长有所提高，分别较2018年提高8.4%、6.5%、3.0%和2.8%；而纺织业，纺织服装、服饰业，化学纤维制造业3个行业利润同比增长则呈现大幅下降，较2018年分别下降16.2%、20.6%和30.1%，如表1-4所示。

表 1-4 消费品工业利润同比增长变化 （单位：%）

行 业	2019 年 1—12 月	2018 年 1—12 月
工业	**-3.3**	**10.3**
轻工	**6.5**	**2.1**
皮革、毛皮、羽毛及其制品和制鞋业	-1.9	4.2
家具制造业	10.8	4.3
造纸及纸制品业	-9.1	-8.5
文教、工美、体育和娱乐用品制造业	9.9	7.1
印刷和记录媒介复制业	4.1	6.1
橡胶和塑料制品业	12.0	3.6
食品	**7.8**	**10.8**
农副食品加工业	3.9	5.6
食品制造业	9.1	6.1
酒、饮料和精制茶制造业	10.2	20.8
烟草	**1.3**	**-4.6**
烟草制品业	1.3	-4.6
医药	**6.7**	**10.8**
医药制造业	5.9	9.5
纺织	**-11.8**	**8.0**
纺织业	-10.9	5.3
纺织服装、服饰业	-9.8	10.8
化学纤维制造业	-19.8	10.3

资料来源：国家统计局，行业大类（轻工、食品、烟草、医药、纺织）数据为作者根据细分行业数据进行测算得到的。

随着供给侧结构性改革的深度推进，"三品"战略、消费品工业企业"三去一降一补"取得明显成效，企业生产成本控制能力明显增强，有效缓解了企业在转型过程中面临的市场压力。2019 年，在消费品工业大类中，营业成本同比增长均呈下降态势，轻工、食品、烟草、医药、纺织营业成本同比增长分别为 1.1%、4.2%、1.1%、6.1%和-1.4%，分别较 2018年降低 5.4%、0.2%、2.6%、1.1%和 3.8%，如表 1-5 所示。

表 1-5 消费品工业营业成本同比增长变化   （单位：%）

行　业	2019 年 1—12 月	2018 年 1—12 月
工业	4.1	8.4
轻工	1.1	6.5
皮革、毛皮、羽毛及其制品和制鞋业	−1.5	5.0
家具制造业	0.6	3.8
造纸及纸制品业	−3.1	10.2
文教、工美、体育和娱乐用品制造业	0.8	5.0
印刷和记录媒介复制业	0.7	5.1
橡胶和塑料制品业	1.1	3.3
食品	4.2	4.4
农副食品加工业	4.1	3.7
食品制造业	5.2	6.9
酒、饮料和精制茶制造业	3.1	6.2
烟草	1.1	3.7
烟草制品业	1.1	6.9
医药	6.1	7.2
医药制造业	5.7	6.9
纺织	−1.4	2.4
纺织业	−2.0	−0.7
纺织服装、服饰业	−3.7	3.8
化学纤维制造业	4.7	13.6

资料来源：国家统计局，行业大类（轻工、食品、烟草、医药、纺织）数据为作者根据细分行业数据进行测算得到的。

从细分行业来看，2019 年，除农副食品加工业营业成本同比增长较 2018 年略有提高外，其余细分行业营业成本同比增长较 2018 年均呈现了不同程度的下降。其中，造纸及纸制品业营业成本同比下降 3.1%，较 2018 年下降 13.3%，降幅最大；其次是化学纤维制造业营业成本同比增长 4.7%，较 2018 年下降 8.9%；而医药制造业营业成本同比增长降幅最小，较 2018 年下降 1.2%。

（五）行业整合步伐加快，世界级品牌企业加快涌现

在工业增长放缓和转型期阵痛的双重压力下，消费品工业企业调整幅度明显增大，兼并重组步伐加快，根据《关于做好 2019 年重点领域化解过剩产能工作的通知》，消费品工业积极推进重点领域"僵尸企业"出清，如保利集团与中丝集团实施重组。2019 年，消费品工业企业新增企业数量同比呈下降态势。其中，轻工、食品、烟草、医药、纺织各细分行业企业数量均呈现不同程度的下降，同比下降分别为 0.69%、9.58%、8.62%、0.89%、4.81%。

2019 年，具有国际影响力的消费品工业企业持续增加、实力不断增强。在财富 500 强上榜企业中，中国企业上榜数量（129 家）首次超美国（121 家）。其中，在纺织行业中，中国华润有限公司排名 80、中粮集团有限公司排名 134、恒力集团排名 181、山东魏桥创业集团排名 273、新兴际华集团排名 475；在食品饮料行业中，万州国际排名 66、茅台排名 122；在医药行业中，中国医药集团排名 169。在全球最具价值品牌 500 强排行榜中，中国消费品工业相关企业上榜 11 家，比 2018 年多 4 家，分别为华为、茅台、五粮液、洋河、格力、伊利、海尔、苏宁、联想、哈尔滨啤酒、蒙牛。

（六）产业结构持续优化，行业发展继续提质增效

2019 年，我国消费品工业产业转移与转型升级持续并进。纺织业向中西部转移升级仍是主旋律，以园区、集群模式为主要承载，国内纺织业、轻工业迅速发展。截至 2019 年年底，我国已构建近 40 个全国纺织产业转移试点园区，重点培育了 30 家轻工业绿色智慧产业集群。

在产业转移的同时，消费品工业企业积极引进新一代信息技术，通过技术创新、渠道创新、品牌创新等途径实现转型升级，构建智能化、绿色化、服务化和国际化的新型消费品工业制造体系，为实现智能节能型家电、环保多功能家具、绿色食品和纺织等领域的快速发展创造契机。

另外，伴随产业转移和转型升级，消费品工业生产继续加快。2019 年 12 月，消费品工业 PMI（采购经理指数）为 51.4%，高于整体制造业（50.2%）；并且食品、酒、饮料和精制茶、纺织服装服饰、医药等行业企业的生产指数位于 55.0% 以上的较高景气区间。随着生产形势总体向好及产业转型升级、行业集中度的提升，消费品工业整体发展呈现提质增效局面。

（七）智能制造产业链初现，迈向智能制造蹄疾步稳

我国消费品工业积极融入全球经济体系，承接产业国际转移，发展智能制造和工业互联网，推动 5G、AI、区块链等技术与制造环节深度融合，初步形成一批以云计算、人工智能、生物医药等为代表的先进制造业龙头企业，智能制造产业园区如雨后春笋般接连涌现。《世界智能制造中心发展趋势报告（2019）》显示，目前我国共有智能制造产业园区 537 个，为消费品工业智能制造发展打下了坚实基础。

三、消费品工业发展存在的问题

（一）国内外宏观经济环境使消费品工业下行压力加大

2019 年，国内外宏观经济环境的变化，给我国消费品工业企业生产造成了明显的负面冲击。全球范围不确定性显著升温，经贸摩擦蔓延升级，叠加中美经贸摩擦的加剧，造成我国消费品工业外部经济形势较为艰难。国内方面，去杠杆、环保限产及投资、消费和出口下滑导致我国实体经济供需均面临下行压力；同时，汇率风险、地方债务风险、国企债务风险及互联网金融风险给我国实体经济带来诸多不稳定因素，消费品工业受到的国内外宏观环境压力日益加大。

（二）供给侧结构性改革有待进一步深化

2019 年，按照中央经济工作会议提出的"让老百姓吃得放心、穿得称心、用得舒心"的要求，消费品工业企业大力推进供给侧结构性改革，增强创新发展内生动力，围绕"品种丰富度、品质满意度、品牌认可度"将"三品"战略专项行动推向深入，积极稳妥去产能、培育发展新动能、发展先进制造业，将消费品工业的质量标准体系建设推向了新高度，但在加快转型升级、提供有效供给水平、化解产业发展不平衡不充分的矛盾方面还有待进一步深化。

从满足需求来看，随着我国居民消费升级步伐的加快，部分消费品已不能满足居民消费层次、消费品质、消费形态、消费方式和消费行为等方面的变化。智能健康管理设备、高端医疗器械、医疗机器人、高端健身训练装备等中高端产品急需加速发展。从供给质量来看，随着医疗、养老、教育、文化、体育等领域消费需求的不断提升，有效供给不足与消费结构升级之间的矛盾依然突出，产品和服务供给有待进一步优化，质量水平也有待进一步提升。从深化改革来看，随着轻工、医药、纺织等领域新业态、新模式的不断涌现，相关的知识产权、监管、营商环境等问题亟待改善。

（三）新常态下转型阵痛持续

2019年，消费品"三品"战略深入实施，我国消费品工业品种、品牌、品质不断提升，生产制造类企业加快转型升级已成为行业高质量持续发展的大趋势。然而，由此带来的挑战也不可避免，消费品工业整体亏损企业数仍持续增加，轻工、食品、烟草、医药、纺织行业亏损企业数同比增长分别为10.8%、10.8%、26.7%、8.4%和26.5%。其中，轻工、烟草行业亏损企业数同比增长较2018年下降0.7%和9.7%，食品、医药、纺织行业亏损企业数同比增长高于2018年5.0%、2.5%和14.6%，如表1-6所示。与亏损企业数同比大幅增加相比，消费品工业亏损企业亏损额同比增长则有所放缓。除纺织行业亏损企业亏损额同比增长较2018年增加35.5%外，其余行业均呈现不同程度的下降，尤其是食品行业首次扭亏为盈，亏损额同比下降3.7%。近年来，轻工、食品、医药、纺织等行业企业兼并重组步伐加快，一些不符合要求的中小企业或"僵尸企业"加速市场出清。

表1-6　消费品工业亏损情况比较

行　　业	亏损企业数同比增长/%		亏损企业亏损额同比增长/%	
	2019年	2018年	2019年	2018年
工业	**11.5**	**6.8**	**16.0**	**8.5**
轻工	**10.8**	**11.5**	**3.3**	**40.6**
皮革、毛皮、羽毛及其制品和制鞋业	24.0	8.5	6.2	38.5
家具制造业	24.9	7.8	-1.2	40.8
造纸及纸制品业	13.5	23.5	26.7	58.3
文教、工美、体育和娱乐用品制造业	3.8	12.0	17.4	39.4

续表

行　　业	亏损企业数同比增长/%		亏损企业亏损额同比增长/%	
	2019 年	2018 年	2019 年	2018 年
印刷和记录媒介复制业	5.6	2.6	1.0	10.3
橡胶和塑料制品业	4.8	10.8	-11.0	10.3
食品	**10.8**	**5.8**	**-3.7**	**24.4**
农副食品加工业	11.7	6.8	-3.2	25.7
食品制造业	9.6	2.7	-23.0	48.6
酒、饮料和精制茶制造业	8.6	6.8	30.8	-5.7
烟草	**26.7**	**36.4**	**67.6**	**137.9**
烟草制品业	26.7	36.4	67.6	137.9
医药	**8.4**	**5.9**	**7.0**	**15.6**
医药制造业	8.4	5.9	7.0	15.6
纺织	**26.5**	**11.9**	**46.4**	**10.9**
纺织业	22.6	9.9	40.4	4.3
纺织服装、服饰业	32.4	13.9	40.4	9.7
化学纤维制造业	27.9	17.2	73.1	37.7

资料来源：国家统计局，行业大类（轻工、食品、烟草、医药、纺织）数据为作者根据细分行业数据进行测算得到的。

（四）多数企业仍面临较高的生产成本压力

低制造成本和完善的制造体系是我国自加入 WTO 以来制造业得以快速发展的重要支撑。但是，近年来我国低制造成本优势正在快速消失。据统计，2019 年我国规模以上制造业企业就业人员年平均工资为 72088 元，是 2015 年的 1.4 倍。随着国内要素价格的上涨、环保成本的提高及制造环节内外竞争的加剧，部分消费品工业的多数企业面临较高的生产成本压力，部分中小企业生产经营困难加大。

（五）企业自主创新能力仍显不足

当前，多数中小消费品工业企业缺乏自己的研发机构，自主创新能力较弱，产业结构不合理、装备水平落后、中低端产能过剩，特别是部分主导产业还停留在生产经营的初级阶段，缺乏精深加工项目，产品附加值偏低，难以形成核心竞争力，有的企业主要靠买服务、买技术，以及搞中低端生产、贴牌、来样加工等进行生产经营。特别是，我国纺织服装行业仍存在低端商品严重供大于求、高端市场被国际知名品牌占领的问题，多数企业没有核心技术和核心能力，长期处于为国际品牌作嫁衣的地位。

（六）数字化、智能化水平有待提升

目前，整个产业界已经认识到新一代信息技术对企业转型升级和数字化、网络化、智能化发展的积极作用，但大量消费品工业企业，尤其是中小企业，仍处于数字化和信息化的初级阶段，很多消费品工业生产制造类企业信息化仅覆盖财务、人力资源管理等业务，而核心业务的自动化、智能化程度依然较低。

四、2020 年消费品工业展望

新冠肺炎疫情在全球的迅速扩散，使原本低迷的全球经济雪上加霜，这将对全球产业链带来一定冲击，对跨境经济和市场信心产生巨大影响，为全球经济复苏带来不确定性。展望 2020 年，在新冠肺炎疫情影响、地缘政治、经贸摩擦等诸多不确定因素的综合影响下，我国消费品工业增长面临一定压力，增长趋势放缓。

（一）2020 上半年展望

1. 新冠肺炎疫情的暴发或将使消费品工业增速降至新低

新冠肺炎疫情集中暴发及持续过程中，虽然提供与疫情相关的卫生健康与医疗保障的医药行业保持了较高的景气度，但食品、纺织服装、烟草、玩具、家具、造纸等大多数消费品需求和供给都受到较大冲击，尤其是轻工、纺织、食品各行业工业增加值、利润、出口交货值均呈现大幅度下降。另外，随着新冠肺炎疫情的发展，我国消费品工业的大量外贸订单有可能被取消或推迟，使消费品生产、消费领域受到的创伤进一步加剧。

2. 我国消费品工业预计成为全球消费品工业增长的重要支撑

从新冠肺炎疫情的发展情况来看，我国疫情得到了明显控制，随着我国消费品工业复工复产节奏的逐步加快及相关支持政策效果的逐步释放，我国消费品工业有望在 2020 年上半年有所回升。同时，国外新冠肺炎疫情或将给我国消费品工业，尤其是纺织业，带来增长契机。国外新冠肺炎疫情导致其对防疫物资的需求进一步加大，预计未来这种趋势还将持续，我国作为最早一批控制住新冠肺炎疫情的国家，已向多国提供物资援助，或将成为全球防疫物资最大供应国，2020 年上半年或将在一定程度上支撑全球消费品工业的增长。

（二）2020 年全年展望

1. 2020 年我国消费品工业预计呈现先抑后扬的走势，全年工业增加值预计仍处于 5%以下的低速增长水平

虽然 2020 上半年尤其第一季度受新冠肺炎疫情冲击较大，消费品工业相关指标均显著下滑，但疫情期间我国政府出台的一系列援企政策和举措的作用逐步显现，市场信心将在疫情过后逐步提振。另外，国际新冠肺炎疫情蔓延给消费品工业带来增长契机，疫情期间被抑制的市场需求将集中释放，2020 下半年消费品工业增速有望回升，但预计全年消费品工业增加值同比不会高于 2019 年 4.63% 的水平。

2. 新技术、新业态对产业的改造升级将成为核心变量

展望 2020 年，5G、人工智能、大数据、云计算等新一代信息技术的加快渗透和普及应用，以及国家相关政策的积极支持，我国消费品工业生产制造企业在更加注重对员工健康、安全与环境管理的同时，科技创新引领制造升级步伐有望继续加快。例如，以格力混改、美的数字化转型为代表的龙头企业升级改造将会带来全产业链（制造、渠道、供应链）效率的提升；桂林智慧谷、佛山泛家居创意园、佛山梦工厂等通过"互联网+"技术和智慧运维平台打造新型智慧园区，使其运行更加智能化。

3. 新兴产业发展为消费品工业带来新的契机，有望打造世界级领先集群

在新兴产业方面，我国具备稳定、快速发展的制度优势，可以实现快速落地推广，进而升级打造全球领先的产业集群，尤其是在智能家电、医疗保健、绿色纺织等领域，如廉江中国小家电产业基地、当涂县智能家电特色产业集群、北京健康智谷移动产业园等。在绿色纺织方面，如由绍兴市柯桥区人民政府与中国纺织工业联合会共建的"世界级纺织产业集群先行区"，大力支持纺织产业创新发展，推进新型材料、新型纤维、绿色染整等新技术的研发应用，形成了全产业链的现代纺织体系和"产品+市场""产业+城市"的独特发展模式。

4. 消费品工业产业链结构有望优化重构

当前，世界各国高度重视制造业发展，全球产业链加速重构。中美经贸摩擦不断升级、新冠肺炎疫情等因素将对全球产业链和供应链产生深远影响。在此次战"疫"中，政、产、学、研各界均深刻认识到打造完备工业体系、构建高效完整供应链网络的重要性，提升国际产业中数量规模、质量效益、科技创新等全方位优势和领先地位刻不容缓，急需打造基础深广、高端领先、中端厚实、不断延伸的产业链，助推消费品工业高质量发展。从全产业链控制和产业链关键环节控制方面入手，实施关键核心技术产品攻关、创新全产业链协同发展，一手抓产业生态主导型大企业（集团）培育，一手抓"专精特新"小巨人企业成长，促进产业链上下游联动发展。未来，消费品工业有望在这些方面持续发力，使产业链结构进一步优化重构。

5. 供需两端齐发力，产业与消费"双升级"步伐将加快

在供给侧结构性改革的主线下，我国经济的高质量发展需要供需双方协调推进，产业升级和消费升级是互相支撑、互为前提的。2019 年 12 月的中央经济工作会议指出，财政政策、货币政策要同消费、投资、就业、产业、区域等政策形成合力，引导资金投向供需共同受益、具有乘数效应的先进制造、民生建设、基础设施短板等领域。因此，2020 年我国消费品工业产业和消费双升级步伐将加快。

五、消费品工业发展建议

（一）持续深化供给侧结构性改革，深入实施"三品"战略

一是要巩固"三去一降一补"成果，推动更多产能过剩的消费品工业相关企业加快出清，促进消费品工业生产制造类企业和服务业的联动发展。二是要推动企业加快自主创新，注重利用技术创新和规模效应形成新的竞争优势。三是持续深入开展消费品工业"三品"专项行动，继续实施增品种、提品质、创品牌战略，改善供给质量和效率，提高行业对市场新形势的适应性，更好地满足不断扩大和升级的国内市场需求。

（二）采取有力措施，防范中美经贸摩擦长期影响

一是分类施策，出台补贴性政策。例如，对出口受影响的企业，以降低物流成本、流动资金贴息等方式适度给予财政补贴，加大企业出口创汇补贴额度，提高出口信保保费补贴；对从美国进口先进、高端产品和原料的企业加大退税力度，稳定企业信心。二是加快"走出去"的步伐，鼓励企业组织全球化生产。坚持企业主体、深化改革、互利共赢、风险防范的原则，以"一带一路"建设为统领，支持有条件的企业根据自身的条件与目标国的市场需求，在国外寻求优质并购项目，带动优势产业的产能、技术、管理理念的输出，深化国际产能合作，提升企业开展"全球化生产"的能力。三是多方施策稳出口。例如，改善出口型消费品工业企业金融服务、降低通关成本、加大对中小企业开拓海外市场的支持力度，增强出口竞争力；开拓"一带一路"沿线国家市场，充分发挥跨境电子商务对扩大出口的作用。四是加大指导培训和咨询服务。针对重点龙头消费品工业企业和外贸出口企业，加大国际贸易规则、"一带一路"沿线国家和新兴市场国家国情、市场需求分析研判及咨询、指导与培训，提供涉美贸易法律救济等服务。

（三）强化政策引导，着力打造世界级先进产业集群

一是推进消费品工业领域集群协同联动发展。建立由相关主管部门、各省区市、重点园区、重点企业、行业协会等共同构成的集群培育协作工作机构，加强各省级部门协同、省市县三级联动。二是编制世界级消费品工业集群地图，培育形成差异化的世界级产业集群。重点围绕人工智能、大数据、5G、生物医药等新经济模式，设计产业集群发展路径与策略，尤其是世界一流园区要充分发挥引领、辐射作用，带动周边城市共同打造点、线、面多层次的区域性产业集群，提升产业集群的影响力。三是打破行政壁垒，推动传统消费品工业打破区域限制，开放协同发展，推动企业与企业之间、企业与政府之间、政府与政府之间的对接合作，避免集群内

重复建设和恶性竞争。四是聚焦优势企业，着力培育具有世界影响力的消费品工业知名企业。推动相关政策重点向培育先进消费品工业知名企业集群倾斜，推动要素资源向集群内具有国际影响力的品牌企业和优势企业流动，加速整合全球产业链关键资源，重点培育具有全球影响力的消费品工业领域"独角兽"企业。

（四）推进智能制造，鼓励自主创新，培育发展新动能

智能制造是制造业提质升级的重要途径。一是加快推进"现代优势产业集群+人工智能"，推进传统消费品工业企业运用物联网、大数据、柔性制造等现代技术，加快数字化、智能化改造升级，推进在重点领域集成应用数字化技术、系统集成技术、智能制造装备，有效提高生产效率和产品品质。二是打造新型智能制造标杆企业，开展智能制造新模式试点示范，在相关行业积极推广，并引导中小企业推进自动化改造，建设云制造平台和服务平台。三是加强消费品工业企业智能制造产业链资源协同，降低生产成本，加快形成世界级消费品工业企业培育与发展的新动能。四是提升消费品工业企业自主创新能力，加大智能技术和产品的研发和生产，做优做强一批"专精特新"企业。

（五）大力拓展消费市场，增强内生动力

一是以改善民生为导向加快培育新一代消费热点和投资增长点。提高消费品质量，增加养老、托幼、教育、健康等领域优质供给，促进消费转型升级，拓展"互联网+生活服务"，积极应用新技术、新业态、新模式，捕捉、引领、创造新的消费热点。二是鼓励发展网络消费、智能终端消费，释放新兴消费潜力。引导电子商务企业以数据为纽带，精准匹配网络消费新需求，打造网络新品牌，促进网上品牌品质消费。三是加强国内品牌价值的全社会引导，强化媒体宣传与推广，提升国内自主品牌的整体形象和市场认可程度，宣传普及健康、科学的消费方式，主动创造市场新空间。

（六）扩大有效投资，增强发展后劲

一是围绕中高端消费需求的发展方向引导和布局投资，尤其是在医疗、养老、文化、体育、娱乐等高成长性和抗周期性行业加大投资引导。二是持续加大市场化、法治化、国际化营商环境建设力度，进一步加大降成本力度，提高消费品工业企业盈利能力，增强投资积极性。三是加强中小企业融资支持，发挥财政资金的引导作用，通过投资补助、资本金注入、设立基金等多种方式给予资金支持。四是针对国际环境不确定因素增多等情况，积极引导消费品工业企业开拓国际市场，扩大出口渠道，提高产品质量和生产效率，增强产品的国际市场竞争力和占有率。

（七）建立应对突发事件的长效管理机制，提升防治管理水平

消费品工业相关管理部门应当针对新冠肺炎疫情暴露出来的短板和不足，抓紧补短板、堵漏洞、强弱项，夯实行业基础，增强内生动力。一是强化消费品工业企业风险意识，建立重大风险研判、评估、决策、防控协同机制等。二是完善消费品工业应急物资保障、管理、储备、采购供应等体系，有效防范和应对各类风险。

‖ 行 业 篇

Industry Articles

B.2

2019 年我国轻工业发展概况

郭永新[1]

摘　要： 2019 年轻工业认真贯彻中央"六稳"总要求，坚持以市场为导向，通过强化科技创新、服务消费升级等举措，实现了生产稳中有增、利润快速增长、出口增速稳健、国民经济地位不断提升。但随着我国经济从高速增长的速度型发展模式向高质量发展模式转变，2019 年轻工业景气指数呈下滑趋势。当前，我国轻工业发展面临投资增速回落、规模以下企业发展困难、企业发展环境仍需要优化等问题，下一步还应采取强有力措施激发市场活力、扩大内需市场、扶持产业集群、支持科技创新，助力轻工业高质量发展。

关键词： 轻工业；运行情况；景气指数；消费升级

---

[1] 郭永新，中国轻工业联合会执行秘书长，高级工程师，清华大学硕士，主要研究方向为产业战略、企业创新管理等。

Abstract： In 2019, China's light industry conscientiously implemented the general requirements of the "six stability", adhered to the market orientation, and achieved steady growth in production, rapid growth in profits, steady growth in exports, and continuous improvement in the national economic status through strengthening scientific and technological innovation and upgrading of service consumption. However, with the transformation of China's economy from a rapid growth model to a high-quality development model, in 2019, the prosperity index showed a downward trend. At present, the development of China's light industry is faced with such problems as the drop of investment growth, difficulties in the development of regulated enterprises, the optimization of enterprise development environment and so on. In the next step, we should take strong measures to stimulate market vitality, expand domestic demand market, support industrial clusters, support scientific and technological innovation to achieve the high-quality development of light industry.

Keywords： Light Industry; Operation; Prosperity Index; Consumption Upgrading

　　轻工业是我国重要的民生产业，也是具有较强国际竞争力的产业，是满足人民美好生活需要的主力军。轻工产品涵盖吃、穿、住、用、行、玩、乐、教等多个领域，行业门类涉及国民经济分类中的 21 大类、69 中类和 213 小类，承担着满足消费、稳定出口、扩大就业、服务"三农"的重要任务。

　　2019 年，轻工业认真贯彻中央"六稳"总要求，在国家减税降费一系列扶持实体经济的政策支持下，坚持以市场为导向，通过强化科技创新、服务消费升级等举措，实现了势头稳、效益升的良好运行态势。轻工经济发展亮点多、韧性足，高质量发展成效初显，为国民经济稳增长做出了积极贡献。但受国内外经济环境等多重因素影响，部分轻工行业发展仍面临较大压力，轻工业呕盼国家多措并举，进一步采取强有力措施扩大内需、稳定就业，更好地助力轻工业高质量发展。

一、运行情况

（一）生产稳中有增，结构调整有序

2019 年，在国家统计局统计的 92 种重点轻工产品中，有 56 种产品产量同比正增长，增长率为 60.9%。其中，具有较高技术含量和较高附加值的产品产量保持较快增长，如太阳能电池产量增长 26.82%，家用洗衣机产量增长 9.78%，家用吸排油烟机产量增长 8.73%，家用电冰箱产量增长 8.11%，电动自行车产量增长 6.1%。产量下降较多的是被转型替代或市场需求萎缩的产品，其中，荧光灯、新闻纸、白炽灯泡产量分别下降 23.4%、22.06%、16.99%。轻工主要产品的产量变化，体现了以市场为导向的消费升级趋势。2019 年全国轻工行业主要产品产量如表 2-1 所示。

表 2-1 2019 年全国轻工行业主要产品产量

产品名称	单位	产量
方便面	万吨	573.26
乳制品	万吨	2719.40
罐头	万吨	919.13
冷冻饮品	万吨	246.28
饮料酒	万千升	4898.55
其中，白酒（折 65°，商品量）	万千升	785.95
啤酒	万千升	3765.29
葡萄酒	万千升	45.15

续表

产品名称	单　位	产　量
软饮料	万吨	17763.48
羽绒服	亿件	1.52
皮革服装	万件	6566.23
皮革鞋靴	亿双	39.47
家具	万件	89698.45
纸浆（原生浆及废纸浆）	万吨	1306.18
机制纸及纸板（除外购原纸加工纸）	万吨	12515.30
纸制品	万吨	7219.16
其中，瓦楞纸箱	万吨	3421.05
合成洗涤剂	万吨	1000.93
塑料制品	万吨	8184.17
日用玻璃制品	万吨	761.65
卫生陶瓷制品	万件	21955.68
两轮脚踏自行车	万辆	3961.62
电动自行车	万辆	2707.69
太阳能电池	万千瓦	12862.07
家用电冰箱	万台	7904.25
家用冷柜（家用冷冻箱）	万台	2171.73
房间空气调节器	万台	21866.16
家用吸排油烟机	万台	3602.13
电饭锅	万个	21826.48
微波炉	万台	8498.96
家用洗衣机	万台	7432.99
家用电热水器	万台	4589.11
家用吸尘器	万台	11214.60
家用燃气灶具	万台	3886.85
电光源	亿只	120.89

（二）利润快速增长，运行质量提升

2019 年规模以上轻工企业为 10.86 万家，实现营业收入 19.8 万亿元，同比增长 2.83%，增速比全国工业收入低 0.97%；实现利润总额 12953.94

亿元，同比增长 7.14%，增速比全国工业利润总额高 10.44%。在轻工业
20 个主要行业中，有 8 个行业利润增速超过 10%。轻工业行业营业收入
利润率为 6.54%，比 2018 年同期提高 0.26%，比全国工业利润率高 0.68%，
轻工行业运行质量得到了进一步的提升。2019 年各行业营业收入与利润
增速见表 2-2。

表 2-2　2019 年各行业营业收入与利润增速

行　　业	营业收入增速/%	利润增速/%	利润率/%
规模以上工业	3.8	−3.3	5.86
制造业	3.7	−5.2	5.56
全国轻工行业总计	2.83	7.14	6.54
电池制造	13.59	27.28	4.21
采盐	−3.81	16.99	9.04
玻璃、陶瓷制品制造	5.45	15.73	7.44
塑料制品业	2.77	12.68	5.53
家用电力器具制造业	4.31	10.89	8.35
家具制造业	1.48	10.81	6.50
酒、饮料和精制茶制造业	4.96	10.22	14.48
文教、工美、体育、娱乐用品制造业及本册印制	2.11	10.07	5.34
食品制造业	4.23	9.14	8.76
钟表、衡器及日用杂品制造业	1.08	7.89	5.95
照明器具制造业	−3.64	7.67	6.45
自行车、助动车及非公路休闲车制造业	−4.15	5.79	4.31
金属工具及金属制轻工制品制造业	1.06	5.15	5.48
工艺美术及礼仪用品制造业	1.08	4.84	4.89
农副食品加工业	3.99	3.87	4.03
油墨、动物胶及日用化学产品制造业	−0.77	1.64	10.11
皮革、毛皮、羽毛及其制品和制鞋业	−1.05	−1.91	5.88
木、竹、藤、棕、草制品业	2.46	−2.68	4.64
轻工通用设备及专用设备制造业	−0.66	−4.86	7.21
造纸及纸制品业	−3.00	−9.05	5.10

社会对食品的刚性需求，强力支撑轻工行业平稳发展。2019 年，大食品行业（农副食品加工、食品制造、酒饮料行业）合计实现营业收入 8.12 万亿元，占轻工行业总量的 41.01%，同比增长 4.23%；实现利润 5774.53 亿元，占轻工行业的 44.58%，同比增长 7.76%。大食品行业营业收入、利润增速、利润率均高于轻工行业平均水平。食品消费品工业的较快增长对轻工行业稳健发展起到了压舱石作用。

家电、家具等大家居相关行业满足消费升级的成效显著，产品更加智能、跨界和舒适，高端产品市场份额持续扩大，为行业利润增长注入新动力。2019 年，家具制造业利润增长 10.81%，家电行业利润增长 10.89%，明显高于其他轻工行业。

2019 年，全国轻工行业营业收入利润率为 6.54%。其中，酿酒行业营业收入利润率为 19.3%；日化行业营业收入利润率为 10.1%；采盐行业营业收入利润率为 9.0%；饮料行业营业收入利润率为 9.0%；食品制造行业营业收入利润率为 8.8%；家电行业营业收入利润率为 8.4%；玻璃及陶瓷行业营业收入利润率为 7.4%;轻工机械行业营业收入利润率为 7.2%。2019 年主要轻工行业主营业务收入利润率情况如图 2-1 所示。

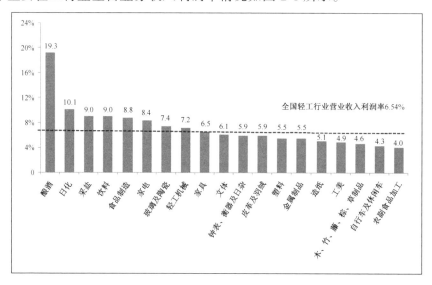

图 2-1　2019 年主要轻工行业主营业务收入利润率情况

（三）出口稳健增长，结构更趋均衡

2019 年，轻工行业出口额为 6752.82 亿美元，占全国出口总额的 27.03%。轻工行业出口额同比增长 5.39%，比全国出口增速高 4.89%。其中，造纸、轻工机械、日化、工美、文体、塑料制品等行业出口增长较快。2019 年，皮革行业、家电行业、塑料行业、家具行业 4 个行业出口额均超过 500 亿美元。其中，皮革行业出口额为 829.52 亿美元，占全部轻工商品出口额的 12.28%；家电行业出口额为 751.46 亿美元，占全部轻工商品出口额的 11.13%；塑料行业出口额为 749.33 亿美元，占全部轻工商品出口额的 11.10%；家具行业出口额为 560.93 亿美元，占全部轻工商品出口额的 8.31%。2019 年主要轻工行业出口情况见图 2-2 和表 2-3。

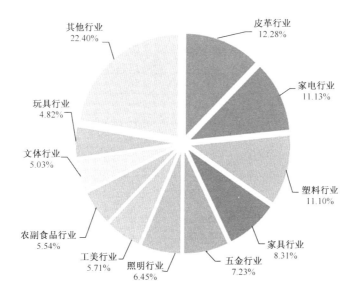

图 2-2 2019 年主要轻工行业出口情况

从地区结构上看，2019 年出口到美国的轻工商品出口额为 1421.69 亿美元，占全部轻工商品出口额的 21.05%；出口欧盟的轻工商品出口额为 1355.56 亿美元，占全部轻工商品出口额的 20.16%；出口东盟的为 833.14 亿美元，占全部轻工商品出口额的 12.34%。

2019 年，出口到"一带一路"沿线国家的轻工商品出口额为 1961.23 亿美元，占全部轻工商品出口额的 29.04%，同比增长 16.73%。

表 2-3　2019 年主要轻工行业出口情况

行　　业	出口额/亿美元	同比增长/%
轻工行业出口总计	6752.82	5.39
皮革、毛皮制品及其鞋类制品	829.52	2.07
家用电器	751.46	4.40
塑料制品	749.33	7.94
文教体育用品	682.28	9.05
家具	560.93	0.96
金属制轻工行业相关产品	488.31	6.54
照明器具	435.58	5.70
工艺美术品	385.67	9.80
农副食品加工品	374.06	−7.23
日用化学产品	292.98	9.93
日用硅酸盐	266.34	19.63
日用杂品	219.68	7.15
纸浆、纸张及纸制品	201.33	15.51
日用机械	137.04	1.18
食品	103.08	3.41
其他轻工行业相关产品	97.47	−0.67
轻工机械	74.14	13.89
木制品及其他天然植物制品	49.02	−3.10
饮料及酒类制品	39.85	−6.67
衡器及其零配件	13.90	4.28
制盐	0.87	−18.15

　　受中美经贸摩擦影响，2019 年轻工行业对美国的出口额下降 9.59%。但轻工行业通过积极拓展东盟、欧盟、"一带一路"沿线国家市场，有效冲抵中美贸易摩擦的不利影响。2019 年，轻工行业对东盟的出口额同比增长 23.57%，对欧盟的出口额同比增长 11.70%，对"一带一路"沿线国

家的出口额增长 16.73%。均衡的国际市场结构，有效地防范和降低了出口风险（见图 2-3）。

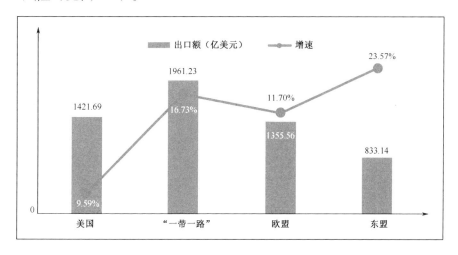

图 2-3 2019 年轻工行业对主要经济体出口额及增速情况

（四）国民经济地位不断提升

2019 年，轻工行业以占全国工业 14.01%的资产总额，实现了全国工业 18.71%的营业收入，实现了全国工业 20.89%的利润率；在出口方面，轻工行业努力克服中美贸易摩擦的不利影响，2019 年轻工行业出口额为 6752.82 亿美元，占全国出口总额的 27.03%，同比增长 5.39%（比全国出口总额高 4.89%）。轻工行业贸易顺差 4700.1 亿美元，轻工行业实现贸易顺差是全国贸易顺差的 1.12 倍。轻工行业在国民经济中的地位得到巩固和提升。

二、景气指数

（一）中轻景气指数

中国轻工业经济运行及预测预警系统数据显示：2019 年，中轻景气指数继续在蓝色"趋冷"区间波动，全年呈振荡下行走势。2019 年 12 月，中轻景气指数为 85.76，较 2019 年 11 月下降 0.85 点，较 2018 年 12 月下降 1.71 点。2019 年 12 月的主营业务收入景气指数为 84.01，出口景气指数为 92.25，资产景气指数为 89.87，利润景气指数为 84.53（见图 2-4）。

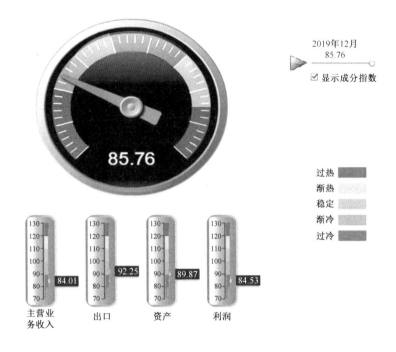

图 2-4　2019 年 12 月中轻景气指数图

从分指标运行指数来看，除出口景气指数回升至"稳定"区间外，其他 3 项分项景气指数均在"渐冷"区间。环比 2019 年 11 月，出口景气指数有较大幅度上升，主营业务收入、利润、资产景气指数均有下降，其中，主营业务收入景气指数较 2019 年 11 月下降 1.0 点，较 2018 年 12 月下降 2.57 点；利润景气指数较 2019 年 11 月下降 3.07 点，较 2018 年 12 月上升 0.97 点；出口景气指数较 2019 年 11 月上升 4.88 点，较 2018 年 12 月下降 4.46 点；资产景气指数较 2019 年 11 月下降 0.63 点，较 2018 年 12 月下降 0.56 点（见表 2-4）。

表2-4 2019年12月中轻景气分项指数

景气指数	2019年12月	2019年11月	2018年12月
主营业务收入景气指数	84.01	85.01	86.58
出口景气指数	92.25	87.37	96.71
资产景气指数	89.87	90.50	90.43
利润景气指数	84.53	87.60	83.56

中轻景气指数设立于2010年,10年间,随着国民经济增长速度放缓,轻工业发展速度也逐步放缓,中轻景气指数呈下滑趋势。例如,2017年年初的中轻景气指数为91.08,而经过2018年、2019年,2019年12月景气指数逐步下滑到85.76。中轻景气指数客观上反映了我国经济从高速增长的速度型发展模式向高质量发展模式的转变历程(见图2-5)。

图2-5 2017—2019年中轻景气指数走势图

(二)中美出口贸易指数

自2018年起,中美经贸摩擦不断加剧,对我国包括轻工业在内的对美出口形成严重影响。为定量研判中美经贸摩擦对轻工各行业的影响,中国轻工业联合会编制了中美出口贸易指数。该指数以2017年轻工业对美出口额为基数100,以各季度对美出口额与基期数值对比得出各季度的对美出口贸易指数。目前来看,中美经贸摩擦影响总体可控,但部分行业对美出口下滑幅度较大。

2019 年 1—12 月，轻工业中美出口贸易指数为 100.01，这表明 2019 年轻工业对美出口额与中美贸易摩擦发生前的出口额基本持平，即中美贸易摩擦对轻工业出口影响总体可控。但皮革、家具行业受影响较大，如皮革行业中美出口贸易指数降至 89.81；而家电行业、文体用品行业则保持较高的出口额，如家电行业中美出口贸易指数为 108.73（见图 2-6～图 2-9）。

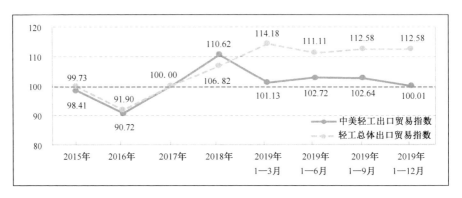

图 2-6　2019 年 1—12 月轻工业中美出口贸易指数走势

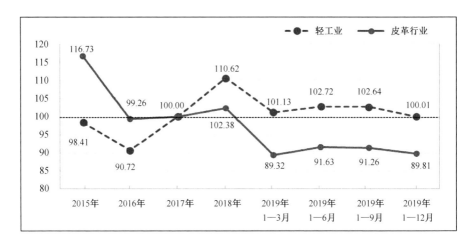

图 2-7　2019 年 1—12 月皮革行业中美出口贸易指数走势

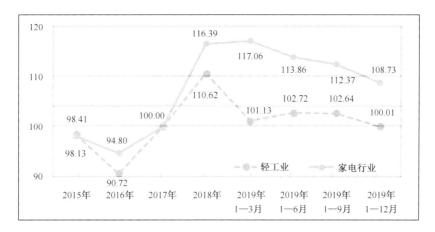

图 2-8　2019 年 1—12 月家电行业中美出口贸易指数走势

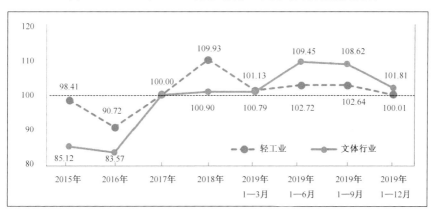

图 2-9　2019 年 1—12 月文体行业中美出口贸易指数走势

　　皮革、家具中美出口贸易指数大幅走低，这表明中国对美出口的皮革、家具产品可替代性强，容易将订单从中国转移到其他国家；而家电、文体行业的中美出口贸易指数比较坚挺，这表明中国对美出口的家电、文体产品可替代性弱，行业国际竞争力较强。

三、消费升级

　　党的十九大报告指出，我国社会主要矛盾已经转化为人民日益增长的

美好生活需要和不平衡不充分发展之间的矛盾。习近平总书记指出：人民
群众对美好生活的向往就是我们的奋斗目标。轻工业紧紧抓住新时期社会
主要矛盾，大力发展人民美好生活需要的产品，按照《国务院办公厅关于
开展消费品工业"三品"专项行动营造良好市场环境的若干意见》，在工
业和信息化部的指导下，轻工业增品种、提品质、创品牌成效显著。轻工
业《升级与创新消费品指南》编制发布，进一步引导轻工业消费升级，进
而带动轻工业的高质量发展。

（一）轻工产品消费升级主要特点

受工业和信息化部委托，中国轻工业联合会编制并发布了六批《升级
和创新消费品指南》（简称《指南》），共 333 个产品，涉及食品、家用
电器、家具、五金、玩具、乐器、自行车、洗涤日化、制笔等近 20 个行
业，产品包括百姓生活中最常用的智能家电、洗护用品、儿童玩具、家具、
乐器等，其中性能优良、质量稳定可靠、可引领消费趋势的升级消费品
160 项；采用新材料、新工艺，设计新颖、具有独特功能或使用价值的创
新消费品 173 项。轻工消费品的品种丰富度、品质满意度、品牌认可度明
显提升，"三品"行动对轻工消费品满足人民美好生活需要起到了极大的
推动作用。轻工业联合会发布的升级与创新消费品具有以下特点。

一是食品更健康、营养和方便。《指南》中有更容易吸收、富含蛋白
质和氨基酸等丰富营养成分的食品；有能够全面促进婴幼儿智力、体质发
育成长的配方奶粉、配方羊乳粉。

二是家电家居产品更智能、跨界和舒适。《指南》中有温控菜谱导航、
芯片实时反馈、灶具锅具烟机智能联动的智慧厨房用具；有能够帮助控制
血糖的低糖电饭煲；有能够识别蔬菜品类、个性化精准保鲜的冰箱等。

三是文体用品更具智慧创意、美好时尚。《指南》中有适合儿童智力
开发的创客机器人；有中医药美颜古方与现代生物科技相结合的高端肌肤
养护用品等。

（二）龙头企业是满足消费升级的主导力量

轻工龙头企业加大科技创新力度，不断推出新产品，满足消费者更高的消费需求。这些不断涌现的创新产品，在满足消费升级的同时，还提升了企业效益、推动了行业发展。例如，海尔卡萨帝自由嵌入冰箱，自 2017 年 6 月上市以来，累计销量达 7.5 万台，累计销售额为 8.4 亿元；美的电饭煲应用降糖等技术，新增销售额 146.6 亿元，创造利润 38.7 亿元，新增社会就业 1560 人；格力采用新标准，具有"空气净化"功能的产品新增销售额近 60 亿元。

轻工龙头企业加大科技创新，强化品牌建设，取得了良好的经济效益，成为引领行业由大变强的中坚力量。2019 年，轻工行业企业美的集团、格力电器、海尔入选《财富》杂志世界 500 强榜单。根据中国轻工业联合会发布的年度百强报告，2018 年度轻工业百强企业的营业收入为 2.8 万亿元，占全国轻工业营业收入的 14.3%；实现利润 2822 亿元，占全国轻工业利润的 22%，数据表明行业利润正在向头部企业集中。其中，海尔以营业收入 2661 亿元名列中国轻工业百强企业第 1 名。百强企业效益好、品牌优，发展前景好，是消费升级的主导力量。

从已公布的上市公司业绩看，骨干企业保持了持续强劲增长的良好态势。2019 年前三季度，美的集团实现营业收入 2209.2 亿元，同比增长 7.37%；实现归母净利润 213.16 亿元，同比增长 19.08%。海尔智家实现营业收入 1489 亿元，同比增长 7.72%；实现归母净利润 77.73 亿元，同比增长 26.16%。贵州茅台实现营业收入 609.3 亿元，同比增长 16.64%；实现归母净利润 304.5 亿元，同比增长 23.13%。格力电器实现营业收入 1550 亿元，同比增长 4.26%；实现归母净利润 221.2 亿元，同比增长 4.73%。

（三）消费升级有力引领行业发展方向

2019 年，轻工相关 10 项消费品零售总额为 60100 亿元，占社会消费品零售总额的 14.6%。其中，日用品、化妆品、饮料、粮油食品类零售保持较快增长，增速均超过 10%（见表 2-5）。

表 2-5 2019 年部分轻工商品零售数据

指　　标	2019 年 1—12 月		2018 年
	绝对量/亿元	同比增长/%	同比增长/%
社会消费品零售总额	411649	8.0	9.0
其中，日用品	6111	13.9	13.7
化妆品	2992	12.6	9.6
饮料	2099	10.4	9.0
粮油食品	14525	10.2	10.2
烟酒类	3913	7.4	7.4
家用电器和音像器材	9139	5.6	8.9
家具	1970	5.1	10.1
文化办公用品	3228	3.3	3.0
服装鞋帽、针纺织品	13517	2.9	8.0
金银珠宝	2606	0.4	7.4

快速消费品及日用品类商品零售额增长稳中有升。2019 年，限额以上单位快速消费品零售额比 2018 年增长 9.7%，增速比 2018 年加快 0.2%。其中，粮油食品类商品零售额增长 10.2%，增速与 2018 年持平，继续保持两位数较快增长；饮料类商品零售额增长 10.4%，加快 1.4%。限额以上单位日用品类商品零售额增长 13.9%，加快 0.2%。

消费升级类商品零售额增速加快。2019 年，限额以上单位化妆品类、文化办公用品类和通信器材类商品零售额比 2018 年分别增长 12.6%、3.3% 和 8.5%，增速分别比 2018 年加快 3.0%、0.3% 和 1.4%；体育娱乐用品类商品零售额增长 8.0%，增速比 2018 年加快 10.7%。在消费升级类商品中，可穿戴智能设备、智能家用电器和音像器材等发展型、享受型商品零售额快速增长，消费升级成为零售市场增长的重要推动力。

2019 年，家电类消费品零售额同比增长 5.6%，居民耐用消费品拥有量继续增加。2019 年，每百户空调拥有量为 115.6 台，增长 5.8%；每百户抽油烟机拥有量为 59.3 台，增长 5.2%；每百户热水器拥有量为 86.9 台，增长 2.3%；每百户助力车拥有量为 63.9 辆，增长 8.0%。

2019 年，全国居民人均食品烟酒支出 6084 元，增长 8.0%，比 2018 年加快 3.2%。全国居民恩格尔系数为 28.2%，比 2018 年下降 0.2%。恩格尔系数继续下降，表明居民消费持续升级，居民生活质量稳步提高。

（四）科技创新是消费升级的重要驱动

轻工业高度重视科技创新工作，每年完成科技成果鉴定 130 项，评选行业科技奖励项目 200 项，推荐国家科技奖励项目 20 项，推动建设轻工业重点工程技术研发中心 20 多家、轻工业重点实验室近 30 家。为鼓励企业科技进步，中国轻工业联合会首次发布"中国轻工业科技百强企业"荣誉榜单，科技百强企业年度研发投入平均占营业收入的 2.46%，显著高于全社会平均研发投入比重。其中，美的集团科研投入为 98 亿元，海尔集团科研投入为 78 亿元，格力公司科研投入为 73 亿元；名列榜首的美的集团，科研投入占营业收入的 3.78%。

轻工业重视以信息化手段来推动创新升级。轻工企业在智能制造、智慧发展上狠下功夫，在综合集成、协同创新信息化应用上跟上水平，大力推动企业发展模式向智能化转变。近年来，共有 74 家轻工企业的建设项目，进入工业和信息化部智能制造试点示范，其中不仅有海尔、美的、格力这样的巨头企业，也有北京大豪、曲美家居、晨光生物、伊利、蒙牛、奥康鞋业、天能动力、老板电器、宁波方太、九牧集团、劲牌酒业、泸州老窖、九阳股份、杭州娃哈哈等行业龙头企业。轻工企业在单一产业链智能制造的基础上，逐步形成行业的智能制造生态圈，全面提升了轻工业智能化水平，不断推动我国轻工业向智能制造强国跃升，进而满足人们消费升级和高质量发展的需要。

（五）加强宣传是引导消费升级的重要举措

加强宣传引导也是引导消费升级的重要举措。轻工行业门类多、产品多，在当前国家鼓励创新创业的形势下，新产品不断涌现，让百姓应接不暇。行业协会应该发挥掌握全局的专业优势，加强宣传引导，把最好的产品推荐给百姓，进而使消费升级产品更好地服务于百姓的美好生活。

2019 年 12 月 4 日，中国轻工业联合会主办的"轻工业消费升级与高质量发展"新闻发布会在人民大会堂举行。会上发布了体现新趋势、新成果的 10 项消费升级重点产品，分别是三元 166 酸奶、海尔卡萨帝自由嵌入冰箱、格力大松金康煲、九阳蒸汽电饭煲、方太集成烹饪中心、格力领御空调、莱克 K9 新一代甲醛净化器、恒洁卫浴 Q 9 智能一体机、浙江星星便洁宝超洁净智能马桶、珠江凯撒堡钢琴。这些产品是从《升级和创新消费品指南》、轻工业科技奖励成果及轻工科技百强企业产品中精选出的，与美好生活密切相关的产品，能够更好地满足广大消费者消费升级的需求。

此外，为持续做好升级和创新消费品评价工作，中国轻工业联合会组织开展了《升级和创新消费品评价通则》团体标准的制定工作,目前已完成审定，进入报批环节。该标准规定了轻工行业升级和创新消费品评价的术语和定义、评价原则、评价程序、评价指标体系要求和评价结论等内容，从申报企业的资质，以及产品先进性、创新性、成熟性、环保性、安全适用性及效益等方面对评价工作进行了规范。

四、存在问题

（一）投资增速回落，影响发展后劲

由于前几年轻工行业投资快速增长、产能接近饱和，加之中美贸易摩擦导致外需不确定因素增加,企业投资意愿减弱,轻工行业投资增速放缓。2019 年，在国家统计局公布的 10 个轻工相关行业中，除酒、饮料和精制茶行业外，其他 9 个行业投资增速均较 2018 年同期明显下降，其中造纸及纸制品、农副食品加工、木材加工、食品、金属制品、皮革、文体工美、家具 8 个行业投资均为负增长（见表 2-6），投资增速回落将影响行业发展后劲。

表 2-6　2019 年主要轻工行业投资增速情况

行　　业	2019 年 1—12 月/%	2018 年 1—12 月/%
全国总计	5.4	5.9
其中，制造业合计	3.1	9.5
酒、饮料和精制茶制造业	6.3	-6.8
橡胶和塑料制品业*	1.0	5.4
家具制造业	-0.7	23.2
文教工美体育和娱乐用品制造业	-2.4	8.1
皮革、毛皮、羽毛及其制品和制鞋业	-2.6	3.1
食品制造业	-3.7	3.8
金属制品业*	-3.9	15.4
木材加工及木、竹、藤、棕、草制品业	-6.0	17.3
农副食品加工业	-8.7	0.0
造纸及纸制品业	-11.4	5.1

注：标注*的行业包括部分轻工行业数据。

（二）规模以下企业发展困难大

受多重因素影响，全国轻工业规模以上（简称"规上"）企业数从 2018 年的 11.31 万家，下降到当前的 10.86 万家，减少企业近 5000 家，比 2017 年减少近 7000 家。

由于统计局数据是以规上企业为基准的，因此在看到统计数据总体趋好的同时，还要看到很多规模以下（简称"规下"）小企业困难重重，发展压力较大。目前，行业集中度越来越高，大企业越来越强，这在一定程度上挤压了小企业的生存空间，随着消费升级，中低端产品销售低迷，落后小企业不断被淘汰出局，轻工行业就业形势不容乐观。

（三）企业发展环境仍需优化

受大的经济环境影响，部分企业发展信心不足。轻工业是劳动密集型产业，用工人数多，目前人工成本居高不下，影响企业盈利水平。部分地区环保检查一刀切，各类检查频次多，企业负担重。在国家扶持技术改造项目中，由于轻工企业多属传统产业，所受支持力度弱于其他行业。此外，在营商环境方面，随着电商平台势力壮大及平台间竞争日益激烈，部分电商平台利用优势地位强迫企业和商户"选边站"或"二选一"，影响了市场的公平竞争。这些问题对中小企业发展有一定影响，企业发展环境仍需进一步优化。

五、推动轻工业发展的举措

轻工业是重要民生产业，是满足人民美好生活需要的主力军。2020年是全面决胜小康社会的关键年，也是"十三五""十四五"承上启下的关键年，轻工业将积极贯彻党中央的要求，通过实施六大举措，推动轻工业高质量发展。

一是以科技创新推动高质量发展。2020年将组织评选行业科技奖励项目200项，推荐国家科技奖励项目20项，推动建设轻工业重点工程技术研发中心20多家、轻工业重点实验室近30家，组织开展科技成果鉴定130项，组织好轻工科技百强企业的评选。通过推动轻工业科技创新，促进轻工业高质量发展。

二是以标准品牌推动高质量发展。计划全年新修订行业标准、国家标准近300项，争取轻工重点消费品国际采标率达到95%，组织编制高端产品团体标准30余项，以高标准引领轻工业高质量发展。

三是以绿色智慧推动高质量发展。让"绿水青山就是金山银山"理念成为轻工企业自觉遵循的发展指南，在轻工行业推行绿色设计、绿色产品、绿色工厂，推动轻工业绿色发展；引导轻工企业推进信息化和工业化深度融合，推进智能制造与工业互联网融合，推进制造业与服务业融合，以绿色智慧促进轻工业高质量发展。

四是以"三品"行动推动高质量发展。2020年，争取与工业和信息化部联合发布升级和创新消费品200项，继续通过行业协会的全国性展览，展出新技术、新产品、新工艺、新材料，促进轻工企业互学互鉴。以推动轻工企业增品种、提品质、创品牌，促进轻工行业高质量发展。

五是以产业集群推动高质量发展。目前，中国轻工业联合会同行业协会命名的产业集群近 280 家，营业收入占全国轻工营业收入总量 20 万亿元的 40%以上，有力地支持了轻工业及区域经济发展。新的一年（2020年），要继续支持和培育优势互补、高质量发展的产业集群，促进轻工企业高质量发展。

六是以技能人才建设推动高质量发展。2019 年，中国轻工业联合会组织了 6 期 400 人国家级轻工行业裁判员培训班，组织申报 42 项清单外职业标准开发。新的一年，要贯彻人社部《关于改革完善技能人才评价制度的意见》，做好轻工业 19 个工种近 3000 人的职业技能大赛，开展工艺美术大师、非遗传承人的传承创新活动，逐步建立形成结构合理、技能精湛的轻工行业人才队伍，为轻工业高质量发展提供人才支撑。

六、对策建议

当前，国家高度重视实体经济发展，发布了一系列稳增长的政策，对轻工业发展起到了很好的支持作用。轻工业在我国工业中的地位突出，既是民生行业，也是中小企业集中的行业，更是体现国际竞争力的行业。希望国家加大对传统产业转型升级的扶持力度；加强前瞻性研究和顶层设计。

（一）对受新冠肺炎疫情冲击较大的行业予以政策支持

2020 年春季，受新冠肺炎疫情冲击，行业发展受到影响。为统筹抗击疫情与经济社会发展，党中央做出了系列部署。党中央、国务院及地方政府相继出台了一系列支持性政策以应对疫情，帮助企业特别是广大中小企业坚定信心、渡过难关。政策含金量高，针对性强。希望进一步在加强政策传导、精准落实方面下功夫，确保企业特别是轻工行业中小企业在贷款利率下调、房租和社保费减免、货物进出口费用下调等方面享受优惠政策支持，让政策不折不扣落到实处，进而稳定经济发展，努力完成全国经济目标任务。

（二）对受中美贸易摩擦冲击较大的行业予以政策支持

一是增加出口退税、降低进出口费用。轻工业年出口额约 6700 亿美元，占全国出口总量的 27%，是稳外贸的主力军，其中皮革、家电、塑料、文体、家具、五金、照明、工艺美术品 8 个行业是轻工行业出口大户，年出口额达 4800 亿美元，占轻工行业出口总额的 78%。小家电、缝制机械、眼镜、文体用品、玩具、乐器、搪瓷等行业 30% 以上产品出口。建议国家与世卫组织、世贸组织等国际组织联动，营造好外部环境。在当前困难时期，对出口产品实行全额退税，对进出关口的费用全部减免。对企业到国外参加展会寻找订单的工作费用予以 50% 以上的经费补贴。

二是做好引导开拓新兴市场工作。建立对美出口重点企业跟踪机制，由地方政府、金融机构联合制定保障措施，及时解决对美重点出口企业所遇到的困难，保证企业的正常生产运行。为企业搭建更多平台，鼓励企业积极参与"一带一路"沿线建设，开拓东南亚等新兴市场，分散风险。发挥电商平台、公共服务平台作用，为外向型出口企业，特别是对美出口影响较大的企业搭建电商渠道，缓解产能压力。

三是有效引导产业链向内地条件较好的地区转移。由于中美经贸摩擦的不确定性，部分产业的产能外移到东南亚等地区。产业一旦外移，逆转十分困难，应密切关注由贸易战所导致的产业链加速转移的趋势。同时要根据国家产业转移指导目录，引导企业向内地条件较好的地区转移，形成新的产业链和产业集群。

四是优化企业营商环境。稳定市场原材料价格，帮助企业降低综合成本；减轻企业在标准检测认证方面的费用；在轻工有关行业设立维权中心，加强知识产权保护力度，保护创新者合法权益；继续推动轻工品牌培育体系建设，加强品牌价值评估、提升品牌价值，突破高端市场。

（三）鼓励各行各业千方百计积极扩大内需市场

轻工业是重要的消费品工业，是满足人民美好生活需要的主力军。要进一步落实中央精神，做好提升产品质量、促进形成强大国内市场的工作。要继续开展《升级与创新消费品指南》评价工作，并做好宣传和推广。通过这些举措，激发市场活力，带动国内消费。建议加大城市管网建设力度，扩大塑料管材的使用量；加大支持"乐器进校园"政策，建议在政府教育支出中列出专项采购计划，并对积极参与"乐器进校园"的优秀民族品牌企业减免相关税收。

（四）大力扶持产业集群，做好稳就业工作

轻工业是安排劳动就业的主力，全国轻工业规上企业就业人数约3000万人，占全国总量的30%。要支持轻工产业集群中的公共服务平台建设，进而支持产业链上大中小企业协同发展，创造更多就业岗位，为稳定经济、稳定社会做出贡献。

（五）支持行业科技创新和补短板

轻工企业以中小民营企业为主，企业科研投入低、研发能力弱已成为制约发展及提升竞争力的主要障碍，要鼓励轻工企业加大核心技术研发投入和产品结构升级，促进产品竞争力提升。在轻工材料、轻工装备及节能环保方面，我们与发达国家相比还存在较大差距，建议国家通过支持轻工补短板工程，以智能制造为引领，推动食品机械、制浆造纸机械、洗涤机械、皮革机械等装备行业的技术创新和产业升级。

2019年我国食品行业发展概况

屠振华　温凯[1]

摘　要：2019年，我国食品行业发展平稳向好，规上企业营业收入和利润增速均高于同期轻工业全行业水平。随着我国经济从高速增长的速度型发展模式向高质量发展模式的转变，2019年我国食品行业景气指数继续在蓝色"趋冷"区间波动，全年呈振荡下行走势。当前，我国食品行业发展面临着科技人才保障配套政策、产学研合作信息沟通渠道亟待建设，以及新一代信息化智能化技术、农业供应链金融创新及实践亟待加强等问题，下一步还需要完善食品企业科技人才保障配套政策和措施、建立产学研合作信息沟通渠道、探索和鼓励农业供应链金融创新及实践等，助力食品行业高质量发展。

关键词：食品行业；运行情况；景气指数；创新发展

Abstract：In 2019, the development of China's food industry is stable and good, and the growth rate of business income and profit of enterprises above designated size is higher than that of the whole light industry

---

[1] 屠振华，食品行业生产力促进中心副主任，高级工程师，中国农业大学博士，主要研究方向为食品宏观经济、食品快速检测技术、工业化餐饮食品等；温凯，中国食品工业（集团）有限公司副总经理，食品行业生产力促进中心主任，教授级高工，天津科技大学硕士，主要研究方向为食品工程、农产品深加工、中餐工业化等。

in the same period. With the transformation of China's economy from a high-speed growth model to a high-quality development model, the prosperity index of China's food industry continues to fluctuate in the blue "cold" range in 2019, with a downward trend of shocks throughout the year. At present, the development of China's food industry is faced with such problems as lacking of supporting policies for scientific and technological personnel, new generation of information intelligent technology, financial innovation and practice of agricultural supply chain, etc. In the next step, we need to improve supporting policies and measures for scientific and technological personnel security of food enterprises, establish information communication channels for industry university research cooperation, explore and drum up encourage the financial innovation and practice of agricultural supply chain to help the high-quality development of food industry.

Keywords：Food Industry; Operation; Prosperity Index; Innovation And Development

一、运行情况

（一）总体运行情况

2019 年 1—11 月，食品行业规上工业企业累计完成营业收入 7.25 万亿元，同比增长 5.56%，占轻工业营业总收入的 40.89%，增速高于同期轻工全行业 1.51%；完成利润额 5022.22 亿元，占轻工业利润总额的 44.45%，同比增长 12.59%，增速高于同期轻工全行业 1.57%；营业收入利润率为 6.93%，高于轻工行业平均利润率 0.56%；行业累计出口同比下降 6.21%，进口同比大幅增长 22.16%（见表 3-1）。

表 3-1　2019 年 1—11 月食品行业主要经济指标及增速情况

效益指标	食品行业	轻工行业	食品行业占比	食品行业同比
营业收入	72475.59 亿元	177256.91 亿元	40.89%	5.56%
利润总额	5022.22 亿元	11297.45 亿元	44.45%	12.59%
主营业务收入利润率	6.93%	6.37%	—	—
出口额	466.29 亿美元	6107.01 亿美元	7.64%	-6.21%
进口额	656.73 亿美元	1864.06 亿美元	35.23%	22.16%

（二）主要子行业运行情况

1. 营业收入情况

1）食品制造业

2019 年 1—11 月，食品制造业累计完成营业收入 17115.50 亿元，同比增长 6.46%，占食品工业营业收入的 23.62%。

各细分子行业营业收入及其增长情况如下：乳制品制造完成 3577.04 亿元，同比增长 12.44%；方便食品制造完成 2643.04 亿元，同比增长 11.1%；调味品、发酵制品制造完成 2252.29 亿元，同比增长 9.95%；焙烤食品制造完成 2160.35 亿元，同比增长 5.92%；糖果、巧克力及蜜饯制造完成 1406.43 亿元，同比增长 4.25%；罐头食品制造完成 1166.17 亿元，同比增长 0.64%；其他食品制造完成 3910.18 亿元，同比下降 0.29%。

2）农副食品加工业

2019 年 1—11 月，全国农副食品加工业累计完成营业收入 41615.89 亿元，同比增长 4.84%，占食品工业的 57.42%。

各细分子行业营业收入及其增长情况如下：屠宰及肉类加工完成 8947.43 亿元，同比增长 15.14%；制糖完成 954.72 亿元，同比增长 11.27%；水产品加工完成 2861.97 亿元，同比增长 4.87%；其他农副食品加工完成 3431.44 亿元，同比增长 3.47%；谷物磨制完成 7457.04 亿元，同比增长 3.1%；植物油加工完成 6630.61 亿元，同比增长 1.94%；饲料加工完成 8164.37 亿元，同比增长 0.49%；蔬菜、菌类、水果和坚果加工完成 3168.31

亿元，同比增长 0.33%。

3）酒、饮料和精制茶制造业

2019 年 1—11 月，酒、饮料和精制茶制造业累计完成营业收入 13744.16 亿元，同比增长 6.67%，占食品工业的 18.96%。

各细分子行业营业收入及其增长情况如下：酒精制造完成 462.72 亿元，同比增长 16.69%；果菜汁及果菜汁饮料制造完成 691.52 亿元，同比增长 9.7%；碳酸饮料制造完成 715.73 亿元，同比增长 9.2%；白酒制造完成 4927.43 亿元，同比增长 9.11%；啤酒制造完成 1466.19 亿元，同比增长 6.42%；瓶（罐）装饮用水制造完成 931.46 亿元，同比增长 6%；茶饮料及其他软饮料制造完成 1006.59 亿元，同比增长 3.98%；精制茶加工完成 1948.25 亿元，同比增长 3.92%；含乳饮料和植物蛋白饮料制造完成 862.17 亿元，同比增长 0.89%；其他酒制造完成 260.59 亿元，同比增长 3.49%；固体饮料制造完成 198.01 亿元，同比增长 5.83%；黄酒制造完成 148.2 亿元，同比增长 3.97%；葡萄酒制造完成 125.3 亿元，同比下降 17%。

2. 完成利润情况

1）食品制造业

2019 年 1—11 月，食品制造业累计完成利润总额 1479.04 亿元，同比增长 11.10%。

在食品制造业各细分子行业中，乳制品制造完成 336.12 亿元，同比增长 51.86%；罐头食品制造完成 67.72 亿元，同比增长 22.7%；调味品、发酵制品制造完成 239.16 亿元，同比增长 15.49%；方便食品制造完成 164.48 亿元，同比增长 11.33%；焙烤食品制造完成 198.87 亿元，同比增长 3.88%；糖果、巧克力及蜜饯制造完成 106.23 亿元，同比下降 3.34%；其他食品制造完成 366.46 亿元，同比下降 8.07%。

2）农副食品加工业

2019 年 1—11 月，农副食品加工业累计完成利润总额 1566.65 亿元，同比增长 8.31%。

在农副食品加工业各细分子行业中，屠宰及肉类加工完成 437.12 亿元，同比增长 46.34%；饲料加工完成 321.28 亿元，同比增长 3.6%；谷物磨制完成 276.41 亿元，同比增长 1.95%；蔬菜、菌类、水果和坚果加工完成 167.44 亿元，同比下降 0.66%；水产品加工完成 115.99 亿元，同比下降 3%；其他农副食品加工完成 112.38 亿元，同比下降 7.2%；植物油加工完成 154.21 亿元，同比下降 8.17%；制糖业亏损 18.18 亿元，同比下降 70.38%。

3）酒、饮料和精制茶制造业

2019 年 1—11 月，饮料、酒、精制茶行业累计完成利润总额 1976.52 亿元，同比增长 17.45%。

在酒、饮料和精制茶制造业各细分子行业中，碳酸饮料制造完成 49.53 亿元，同比增长 37.45%；其他酒制造完成 40.65 亿元，同比增长 26.98%；瓶（罐）装饮用水制造完成 84.65 亿元，同比增长 25.65%；白酒制造完成 1212.02 亿元，同比增长 19.87%；茶饮料及其他软饮料制造完成 113.28 亿元，同比增长 18.35%；啤酒制造完成 135.15 亿元，同比增长 18.3%；固体饮料制造完成 18.82 亿元，同比增长 15.6%；果菜汁及果菜汁饮料制造完成 45.24 亿元，同比增长 12.42%；含乳饮料和植物蛋白饮料制造完成 109.66 亿元，同比增长 9.29%；精制茶加工完成 148.42 亿元，同比增长 5.72%；黄酒制造完成 15.57 亿元，同比增长 5.02%；葡萄酒制造完成 5.32 亿元，同比下降 49.04%；酒精制造亏损 1.79 亿元，同比下降 145.66%。

3. 营业收入利润率

1）食品制造业

2019 年 1—11 月食品制造业累计营业收入利润率为 8.64%，较 2018 年同期提高 0.36%，高于食品工业平均利润率 1.71%。各细分子行业利润率如下：乳制品制造 9.4%；方便食品制造 6.2%；调味品、发酵制品制造 10.6%；焙烤食品制造 9.2%；糖果、巧克力及蜜饯制造 7.6%；罐头食品制造 5.8%；其他食品制造 9.4%。

2）农副食品加工业

2019 年 1—11 月，全国农副食品加工业累计营业收入利润率为 3.76%，较 2018 年同期提高 0.12%，低于食品工业平均利润率 3.17%。各细分子行业利润率为：屠宰及肉类加工 4.9%；制糖业 -1.9%；水产品加工 4.1%；其他农副食品加工 3.3%；谷物磨制 3.7%；植物油加工 2.3%；饲料加工 3.9%；蔬菜、菌类、水果和坚果加工 5.3%。

3）酒、饮料和精制茶制造业

酒、饮料和精制茶制造业累计营业收入利润率为 14.38%，较 2018 年同期提高 1.32%，比食品工业平均利润率高 7.45%。各细分子行业利润率如下：酒精制造 -0.4%；果菜汁及果菜汁饮料制造 6.5%；碳酸饮料制造 6.9%；白酒制造 24.6%；啤酒制造 9.2%；瓶（罐）装饮用水制造 9.16%；茶饮料及其他软饮料制造 11.3%；精制茶加工 7.6%；含乳饮料和植物蛋白饮料制造 12.7%；其他酒制造 15.6%；固体饮料制造 9.5%；黄酒制造 10.5%；葡萄酒制造 4.2%。

4. 出口情况

2019 年 1—11 月，全国食品工业行业累计完成出口额 466.29 亿美元，同比下降 6.21%。

食品完成累计出口额 92.97 亿美元（占 19.94%），同比增长 2.55%；农副食品加工品累计完成出口额 337.8 亿美元（占 72.44%），同比下降 8.01%；饮料及酒类制品累计完成出口额 35.52 亿美元（占 7.62%），同比下降 9.61%。

5. 进口情况

2019 年 1—11 月，全国食品工业行业累计完成进口额 656.73 亿美元，同比增长 22.16%，较同期轻工业平均进口增速高 14.95%。

其中，食品累计完成进口额 95.22 亿美元（占 14.5%），同比增长 12.56%；农副食品加工品累计完成进口额 502.57 亿美元（占 76.53%），同比增长 29.65%；饮料及酒类制品累计完成进口额 58.94 亿美元（占 8.97%），同比下降 9.87%。

6. 固定资产投资

2019 年 1—11 月，制造业固定资产投资同比提高 2.5%；在食品工业三大行业中：食品制造业固定资产投资同比下降 4.8%，农副食品加工业固定资产投资同比下降 9.3%，酒、饮料和精制茶制造业固定资产投资同比增长 6%。

（三）运行分析

1. 食品行业效益稳定增长，运行效益良好

食品行业 2019 年 1—11 月完成营业收入高于全国工业 1%，完成利润高于全国工业 14.6%。食品行业营业收入增速稳定在 5% 以上，且完成利润增速高于收入增速的 2 倍以上。

2. 食品行业产出率高，高质量发展显成效

截至 2019 年 11 月底，食品行业资产占全国工业总资产的 5.28%，完成利润占全国工业总利润的 8.95%；万元资产实现营业收入是全国工业（7996.64 元）的 1.44 倍；万元资产产出利润是全国工业（471.86 元）的 1.69 倍，表现出在整体制造业中较好的产出率和利润率。

3. 供给侧结构性改革成效显著，满足消费结构调整的细分子行业继续保持良好势头

屠宰及肉类加工、乳制品制造、方便食品制造、调味品和发酵制品制造、碳酸饮料制造、瓶（罐）装饮用水制造、白酒制造、茶饮料及其他软饮料制造、啤酒制造、固体饮料制造、果菜汁及果菜汁饮料制造、含乳饮料和植物蛋白饮料制造等细分子行业营业收入增长速度接近或超过 10%，有部分超过 20%。同时，上述绝大部分细分子行业的完成利润增速都超过食品行业的平均增速。

二、景气指数分析

（一）总体景气指数情况

据中国轻工业经济运行及预测预警系统数据显示，2019 年食品行业景气指数继续在"渐冷"区间波动，全年呈振荡下行走势。2019 年 2—12 月，食品行业景气指数最高值为 88.17，出现在 3 月；2019 年 10—12 月，食品行业景气指数均低于 86，较 2—9 月出现较为明显的下行。与整个轻工业行业景气指数相比，食品行业景气指数和轻工行业景气指数表现出较为一致的趋势，2019 年继续在"渐冷"区间波动，全年呈振荡下行走势。同时，比较 2019 年 2—12 月行业景气指数，食品行业景气指数在 2 月、7—9 月这 4 个月高于轻工业景气指数，其他月均低于轻工业景气指数，特别是 10—11 月食品行业较轻工业总体出现较大程度景气指数的下行（见表 3-2）。

表 3-2　食品行业 2019 年 2—12 月景气指数与全国轻工业景气指数比较

分项指数	2 月	3 月	4 月	5 月	6 月	7 月	8 月	9 月	10 月	11 月	12 月
食品行业景气指数	87.16	88.17	87.38	86.94	86.14	87.17	87.09	87.08	85.27	85.92	85.26
区间	渐冷	渐冷	渐冷	渐冷	渐冷	渐冷	渐冷	渐冷	渐冷	渐冷	渐冷
轻工行业景气指数	87.13	89.26	87.55	87.33	86.91	87.11	86.80	86.72	86.42	86.61	85.76
区间	渐冷	渐冷	渐冷	渐冷	渐冷	渐冷	渐冷	渐冷	渐冷	渐冷	渐冷

（二）分项景气指数分析

1. 主营业务收入分项景气指数分析

据中国轻工业经济运行及预测预警系统数据显示，2019 年食品行业主营业务收入分项景气指数继续在"渐冷"区间波动，全年呈振荡走势。食品行业 2019 年 2—12 月，主营业务收入分项景气指数最大值为 85.64，出现在 8 月；主营业务收入分项景气指数最小值为 83.43，出现在 12 月；主营业务收入分项景气指数总体波动范围不大（见表 3-3）。

表 3-3　食品行业 2019 年 2—12 月分项景气指数

分项指数	2 月	3 月	4 月	5 月	6 月	7 月	8 月	9 月	10 月	11 月	12 月
主营业务收入	85.59	85.29	84.75	84.65	84.46	85.12	85.64	85.62	85.15	85.22	83.43
区间	渐冷	渐冷	渐冷	渐冷	渐冷	渐冷	渐冷	渐冷	渐冷	渐冷	渐冷
出口	95.06	94.21	91.27	88.25	86.80	92.07	89.62	91.88	80.58	82.62	91.24
区间	稳定	稳定	稳定	渐冷	渐冷	稳定	渐冷	稳定	渐冷	渐冷	稳定
资产	89.18	89.37	89.06	88.82	89.17	89.15	90.52	90.28	89.88	90.10	89.12
区间	渐冷	渐冷	渐冷	渐冷	渐冷	渐冷	稳定	稳定	渐冷	稳定	渐冷
利润	86.76	92.72	91.83	91.47	88.56	89.41	87.79	86.95	84.77	86.65	85.12
区间	渐冷	稳定	稳定	稳定	渐冷	渐冷	渐冷	渐冷	渐冷	渐冷	渐冷

2. 出口景气分项指数分析

据中国轻工业经济运行及预测预警系统数据显示，2019 年食品行业出口分项景气指数在"渐冷"区间和"稳定"区间来回持续波动，全年呈较为明显的振荡走势。食品行业 2019 年 2—12 月，出口分项景气指数最大值为 95.06，出现在 2 月；出口分项景气指数最小值为 80.58，出现在 10 月；出口分项景气指数总体波动范围较大，同时值得注意的是 10—11 月，出口分项景气指数出现较大幅度下滑，但在 12 月迅速回暖。

3. 资产景气分项指数分析

据中国轻工业经济运行及预测预警系统数据显示，2019 年食品行业资产分项景气指数在"渐冷"区间和"稳定"区间持续波动，全年呈振荡上行后波动走势。食品行业 2019 年 2—12 月，资产分项景气指数最大值为 90.52，出现在 8 月；资产分项景气指数最小值为 89.12，出现在 12 月；资产分项景气指数总体波动范围不大。

4. 利润分项景气指数分析

据中国轻工业经济运行及预测预警系统数据显示,2019年食品行业利润分项景气指数在"渐冷"区间和"稳定"区间持续波动,全年先振荡上行后不断下行走势。食品行业2019年2—12月,利润分项景气指数最大值为92.72,出现在3月;利润分项景气指数最小值为85.12,出现在12月。利润分项景气指数总体波动范围较大,同时值得注意的是3—5月,利润分项景气指数出现全年较大值后一路下行,12月达到全年最小值。

三、行业发展特点与趋势

(一)营养健康的生活和消费新趋势,带动新产品功能化、营养化、方便化

随着社会的发展,我国食品行业的任务不断变化。在习近平新时代中国特色社会主义建设背景下,人们对食品的需求已经从基本的"保障供给"向"营养健康"转变。食品行业与人民的生活质量密切相关,是满足人民群众日益增长的美好生活需要的民生基石。2019年,国家卫生健康委员会会同17个相关部门共同组建国民营养健康指导委员会,建立部门合作机制,加强对《国民营养计划》实施的领导、协调和指导,统筹推进营养健康工作。

2019年食品行业企业在方便食品、餐饮食品、粮油产品、乳制品及休闲食品等领域的产品开发更注重功能化、营养化、方便化,并取得了较好的经济效益。具体形式主要表现为:一是方便食品、餐饮食品领域企业研制了冷藏、冷冻方便菜肴、米面主食及净菜等新产品;二是乳制品领域企业研制了富含益生菌、膳食纤维、益生元的发酵乳及燕麦酸奶、燕麦南瓜牛奶等功能化、营养化新产品;三是粮油制品领域企业集中研制了营养配方米、胚芽面粉、杂粮挂面、营养功能挂面等功能化、营养化新产品;四是休闲食品领域企业开发了方便化、休闲化功能食品,如营养代餐粉、天

然维生素软糖、养生粥品，以及各类低 GI 烘焙食品等新产品。

在方便食品方面：上海鑫博海农副产品加工有限公司近年来通过自主研发，投入市场的鲜食方便食品、速冻调理食品、速冻米面食品等新产品，单品毛利润率在 30%以上，2019 年销售额在 2 亿元以上；上海清美绿色食品（集团）有限公司通过自主研发，2019 年投入市场蒸煮马铃薯主食系列产品、轻食便当盒鲜切净菜等新产品；山东惠发食品股份有限公司自主研发不用热源，采用化学加热实现食品自加热系列食品；临沂新程金锣肉制品集团有限公司自主研发快捷菜（冷藏调制食品）、自热米饭等方便食品新产品。

在乳制品方面：新疆石河子花园乳业有限公司通过合作研发，开发了奇亚籽酸奶新产品；河南花花牛乳业集团股份有限公司通过自主研发，开发了添加益生菌、膳食纤维、益生元的风味发酵乳产品，单品毛利润率达40%左右；黑龙江惠丰乳品有限公司通过合作研发开发了燕麦酸奶新产品，单品毛利润率达 22%；天津海河乳业有限公司研发了燕麦南瓜牛奶等新产品。

在粮油产品方面：兴仁县引力农产品加工商贸有限责任公司自主研发的精制薏仁米新产品，单品毛利润率达 30%；河北良牛农业科技有限公司通过合作研发方式研制了增加食味值、均衡营养的营养配方米新产品；河南汇丰面粉有限公司自主研发了具有降低血糖血脂效果的营养功能挂面，单品毛利润率达 9.3%；江苏宝粮控股集团股份有限公司合作研发了胚芽面粉新产品，单品毛利润率达 15%；山东利生食品集团有限公司自主研发了杂粮挂面新产品。

（二）信息化、智能化与传统产业融合发展的趋势明显

当前，以信息技术、人工智能、生物工程等为主的全新技术革命，正在引领农业产业变革，重塑产业形态，重构经营模式，重组市场主体，为企业提供巨大的动能。食品行业企业中信息化、智能化与传统产业融合发

展的趋势明显，显著增强了产业发展的动能。具体形式主要表现为：一是企业在生产加工环节，采用智能制造技术，协同、智能、精准控制，满足工厂计划、工艺、品控、质量、设备、成本等业务管控的需求，通过打造工业大数据平台，实现智慧感知与智慧决策；二是企业在物流环节采用信息化技术，记录产品所有的流动信息，实现产品来源、去向全链条的闭环管理、操作和跟踪，提高物流传递的效率和质量；三是企业在消费者需求分析环节大量使用信息化技术，及时了解消费者的新需求，指导企业新产品的精准研发。食品行业在这方面做得比较好的案例主要有以下几家。

成都圣恩生物科技股份有限公司依托调味品制造领域的专业研发优势，重点聚焦智能制造、系统集成、研发、设计和生产，致力于为客户提供完整的系统解决方案。公司为了更加高效地配置资源，实现各部门之间的协同，以及生产环节的管理，引入 ERP 系统、OA 系统（协同办公系统）、CRM 客户关系管理系统、制造执行系统（MES），通过工业互联，实现生产自动化、物流自动化、检测自动化与能源自动化的集中、协同、智能、精准控制，满足工厂的计划、工艺、品控、质量、设备、成本等业务管控需求，通过打造工业大数据平台，实现智慧感知与智慧决策。

东莞市太粮米业有限公司通过自动化系统完成生产控制中心的升级，实现了生产设备的数据采集、统一远程控制；通过企业数据中台，将自动化系统和各业务系统打通，实现了供应链协同、智能调度和实时监控的目的。项目实现了超过 400 台主要生产设备、上千台辅助设备的互联互通，除自动化系统外，包括企业数据中台、ERP 和各业务系统均已部署上云。

望家欢农产品集团信息化主要功能覆盖全链条闭环，包括客户 App、供应商 App、采购 App、仓库 App、配送 App 及对应的后台系统，以及财务、营运管理等七大后台管理系统。五大 App+七大后台管理系统实现了客户下单、供应商送货（采购）、配送、库存批次、质检报告、食品溯源等所有流动信息的记录，实现了产品来源、去向全链条的闭环管理、操作和跟踪。信息化建设促成集团物流成本减少、物流传递效率及质量提高和企业竞争力的增强。

福建盼盼食品有限公司在信息智能化方面，将信息数据提高到"数据资产"的战略高度，除与主流信息化厂商阿里云、腾讯、用友及蓝凌开展专案项目合作之外，还由企业 IT 团队自主研发了"盼盼数据资产管理平台"，该平台具有动态建模、系统集成、数据处理和分析展现等能力。盼盼食品建立的以客户为中心的产供销一体化信息系统，能使客户自助下达的每个订单 30 秒内实现各部门间信息共享并高效协作，实现订单的交付能力；为保证产品品质，同时建立了生产经营过程中异常事件提醒机制，如产品质量检测视异常情况由信息系统自动判断异常等级并直达决策者。

（三）一二三产业融和发展理念引领食品行业创新发展，新业态发展迅速

食品行业企业注重机制创新，充分考虑上游农民的利益，构建利益联结机制，分享产业链增值收益，使食品行业实现了一二三产业融合发展的新业态，也体现出不少特点：一是不少企业利用原料种植基地的优势和资源，用旅游的思路拓展农业休闲观光功能，打造农业全产业链；二是充分利用农产品的优质品质，采用自营、合作等多种模式，充分利用餐饮市场实现融合发展；三是通过建立体验基地、培训基地和文化博览园等形式，促进产销、品牌的发展；四是采用线上线下互联互动的形式。除上述新业态外，还有企业开展了金融担保贷款、供应链金融、社群营销、社区团购、产业联盟、异业联盟、产业学院等多种形式的新业态。以下是几个比较成功的案例。

湖南大三湘茶油股份有限公司的"庄园模式"以适度规模和良种良法"六化"新技术为基础，以样板庄园为示范，实施以农户/合作社为经营主体的油茶庄园"六统一分"运营模式。公司按照 100～300 亩（1 亩=666.67平方米）为单元建立适度规模的油茶庄园，统一提供技术、管理、模式、品牌、销售等平台资源，通过招募庄主的方式来实现社会资源的参与，让能人的智慧和资金回乡带动千家万户农民脱贫致富。庄园模式实现了产供销一体化，砍掉了中间环节，减少了经营成本、管理成本，让庄主、农户、

企业都受益，并建立了紧密的生态圈关系。通过这种模式，湖南大三湘茶油股份有限公司不再与农民争种植环节的利益，而是通过深加工技术、平台服务、品牌价值等获利，把种植端的利益归还给农民，让农民共同参与庄园的经营、管护，让农民做最擅长的事。

艺福堂采用互联网+茶业模式，缩减利益链条，提升产业效率，实现消费者、茶农、茶企三方共赢，公司稳健发展，各方面建设逐步完善。结合国内外的新技术、新工艺进行产品开发与创新，提高产品的便捷、安全、健康性能，丰富产品种类，力求满足各方面消费者的需求。艺福堂的销售网络遍及互联网各大电商平台，如淘宝、京东、唯品会、猫超、云集等，根据各平台的需求，针对不同人群，开发定制产品，以适应不同消费群体的需求。

上海清美绿色食品（集团）有限公司紧跟 "大力发展现代农业，做精、做强、做优，推进农村一二三产业融合发展"的政策导向和号召，以打造都市现代化农业产业标准化体系、增加农民就业、提高农民收入为目标，保障城市食品安全，满足消费者对美好生活的向往，带动公司发展，建设 "清美鲜食全产业链"（自有农业基地+自有中央工厂+自营冷链车队+自营门店+自有信息系统），从 "豆制品专家"向 "城市生鲜食品综合服务商"转型，实现了 "一二三产业的融合发展"。清美鲜食社区店是由清美绿色食品有限公司全新打造的全产业链、全程冷链、一站式、线上线下融合的鲜食服务平台，是清美集团未来五到十年的战略重心。该平台对标欧美、日本最高标准的鲜食运营模式，定位于 15 分钟公共服务圈，不断满足人民群众对高品质食品和高质量生活的向往，致力于为上海居民提供全品类、高品质、中低价、超便利的社区鲜食服务，是 2.0 版菜篮子。它以清美鲜食社区店为载体，以互联网、大数据、移动端等信息技术服务社区，是上海菜篮子工程 "保价稳供"和 "品质保障"的重要力量。

（四）新技术和新装备的创新与应用，极大促进了食品行业的快速发展

科技创新是企业持续发展的动力之源。自主创新能力，决定着企业的发展后劲和未来走向。调研发现，近年来，我国越来越多的食品企业重视自主创新，提升核心竞争力，采用真空冷冻干燥技术、超高压技术、变频保湿解冻技术、超微粉碎技术、组合干燥技术、新型杀菌技术等一系列新技术、新工艺，并将其作为企业提升竞争能力、争夺终端市场、获取经济效益的重要手段。

真空冷冻干燥技术从制药及生物制品领域逐渐被应用到食品及农副产品深加工行业，是迄今为止最为先进的干燥技术，也是国际公认的生产高品质食品的加工方法。冻干食品集方便、天然、可保藏性于一体，既保留了食物原有的色泽、味道，又最大限度地保留了食物中的天然营养成分，避免了一般干燥方法因物料内部水分向表面迁移而将无机盐和营养物质携带到物料表面造成的表面硬化和营养损失，在食品工业中，尤其在蔬菜、水果、食用菌加工等方面的应用越来越广泛。例如，杭州艺福堂茶业有限公司采用真空冷冻干燥技术生产的冻干柠檬片、菊花茶等代用茶产品得到了消费者的喜爱和好评，也给企业带来了一定的经济效益，每年的销量和销售额稳步增长。该公司 2018 年年度报告显示，2017 年销量为 92 吨，市场销售额达 1228 万元；2018 年销量为 210 吨，销售额约为 3216 万元；2019 年销量达到 400 吨，销售额达 5000 万元。同时，也带动了柠檬种植户提高经济收入。

超高压技术具有冷杀菌、保持食材营养、增进美味、提高消化性等多重功效，可全面提升食品品质，给食品工业带来革命性变化。广东力泰德食品工程有限公司采用超高压技术生产的超高压方便米饭既抗回生，又柔黏适口（通常黏度会增加 20% 以上），其食味明显优于现煮的米饭。超高压方便米饭商业无菌，可常温贮藏 12 个月以上，若增加铝箔袋真空包装，保质期可长达 5 年（日本已用于野战单兵食品和防灾储备食品）。

变频保湿解冻技术在相对湿度 RH＞90％的环境中，采用 2～8℃的解冻温度对冷冻牛羊肉进行反复升降温变频解冻，直至解冻完成。与传统在室温条件下自然解冻相比，变频保湿解冻技术解冻牛羊肉汁液流失率、汁液中蛋白质含量和蒸煮损失都显著降低，肌肉蛋白氧化程度降低，解冻肉的色泽、硬度、弹性和嫩度等物性学方面性质明显改善，解冻后肌肉中肌束间空隙和结缔组织完整性良好。内蒙古蒙都羊业食品股份有限公司采用了变频保湿解冻技术在降低解冻损耗方面效果显著，且该方法操作方便，能最大限度地保持肉品的品质，带来的经济效益显著。

（五）绿色发展模式深受重视，节能减排技术应用广泛

近年来，由于加工废弃物和副产物及餐厨垃圾等环保政策的不断严格和相关综合利用技术的不断进步，食品行业企业特别注重加工废弃物和副产物处理技术及装备创新，开始利用厌氧消化、好氧堆肥、湿解和微生物处理等技术，促进企业绿色发展，取得了较好的社会效益和经济效益。以下是几个较成功的案例。

上海清美绿色食品（集团）有限公司利用黄浆水污泥与豆渣共堆肥技术，研发出益生菌发酵豆渣制作菌体蛋白饲料技术，通过共堆肥化处理，堆肥成品达到国家关于污泥用作土壤改良剂和有机肥料的标准；通过益生菌发酵，生产出一种富含单细胞蛋白和各种生物代谢酶的蛋白饲料，以满足不断增长的蛋白饲料需求，从而实现豆制品行业变废为宝，大幅减少了农业及食品加工中废弃物对环境的污染。

天津农垦渤海农业集团全自动工业化利用鸡粪生产黑水虻鲜虫及生物有机肥的种养结合循环经济模式，从根本上解决了蛋鸡养殖场粪污处理的问题，有效地保护了环境，延伸了蛋鸡产业链，拓展了蛋鸡养殖场的综合功能性。将蛋鸡养殖场与生物有机肥厂有机结合，大大提高了蛋鸡养殖场的综合运行效率，将鸡粪变废为宝。生产出的高蛋白黑水虻鲜虫及生物有机肥，实现了畜牧产业与水产产业的融合，构建了种植业与养殖业相结合的生态循环农业模式。

重庆三峡建设集团有限公司与西南大学柑桔研所合作，攻克了柑橘皮渣低碳无害化处理生产有机肥这一技术难题，并且还深入研发，开发出了皮渣有机肥种植食用菌的技术、皮渣生产有机饲料的技术、皮渣有机饲料进行生猪无抗生素养殖的技术，每吨鲜皮渣实际盈利 200 元以上，处理 1 万吨皮渣减少填埋占地 4000 平方米，减少高 COD 污水排放 5000 吨以上。

（六）文化建设及科普宣传与企业品牌建设深入融合趋势明显

食品企业中较多企业采用建立本专业博物馆的方式，来促进企业品牌建设，扩大消费者的产品认知与企业认同。如上海森蜂园蜂业有限公司建立了蜂产品博物馆，上海大山合菌物科技股份有限公司建立了中国（上海）菌菇博物馆，南侨食品集团（上海）股份有限公司建立了汉饼文化馆，四川五丰黎红食品有限公司建立了中国花椒博览园，东莞市太粮米业有限公司建立了米饭探知馆，等等。

同时，企业也注重以企业文化塑造品牌内涵，推进品牌创新。武夷星茶业有限公司，以企业文化塑造品牌内涵，增强企业软实力，通过多元化、多方面的实际体验活动，推动消费者对武夷岩茶的认知，增强品牌的辨识度。同时，武夷星与张艺谋印象工作室强强联合，推出"印象大红袍"专属茶品牌，同步系统策划全新品牌形象。

四、存在的问题

（一）食物供给与居民营养健康需求不符，传统饮食习惯和消费观念亟待引导改变

随着我国经济社会的快速发展，广大居民对营养健康的需求日益迫切，但同时一系列问题也随之显现。由于传统食品重口感、轻营养，导致现有食物供给不能有效满足居民的营养健康需求，迫切要求食品产业向营养健康产业全面转型升级。

营养知识和健康指导的缺乏，使大多数居民在就餐时重口感而不重营养，对食物的消费还停留在"色香味美"的层面，尚未形成用健康营养的理念指导食物消费的用餐习惯。生活节奏的加快和餐饮业的快速发展使得居民在外就餐机会增多，这种"讲口味不讲营养，讲习惯不讲平衡，讲排场不讲过剩"的在外饮食习惯导致了过度摄入和消费结构不合理，这已成为当下肥胖、心脑血管疾病、糖尿病、高血压、高血脂等慢性病居高不下的重要原因。

　　随着我国市场经济的发展，食品综合生产能力稳步提高，居民的消费观念也在逐渐转变，消费需求有所提升，食品供需正逐步由生产决定消费向营养指导消费、消费引导生产的阶段发展。当前，由于生产者的利益驱使和消费者对营养膳食的了解和重视程度不够，使得食物供给和营养需求仍然处于不相符合的阶段。同时，过度加工引起的食物营养成分流失问题也很突出，米面越来越白，油色越来越浅，粮食、油脂过度加工等问题突出，由此带来膳食纤维、微量元素及多酚、黄酮等人体必需营养与生物活性物质的损失现象严重。

（二）食品行业科技人才保障配套政策和措施亟待完善，产学研合作信息沟通渠道亟待建设

　　人才是食品行业实现创新的根本和重要保障，由于行业因素，食品企业多位于城市周边或者原料基地附近，子女教育、医疗、住房等方面的人才保障配套政策和措施存在一些问题，亟待完善，这也是近年来食品企业骨干人才和高层次人才引进及稳定的最大制约因素。

　　近年来，食品行业企业在与大专院校、科研院所协同进行新品种、新技术、新工艺研发，消化吸收关键技术和核心工艺，开展集成创新等产学研合作创新方面做了很多工作，有效地促进了双方的共同发展。然而，目前产学研合作信息沟通渠道依旧以技术对接会等传统渠道为主，在很大程度上限制了企业精准选择合作研究单位，以及和研究单位高效合作实现成果产业化，产学研合作信息沟通渠道亟待建设。产学研用结合不紧密，

缺乏工程技术中心、工程实验室等创新平台，导致自主研发水平和成果转化率较低。

（三）新一代信息化、智能化技术与装备应用尚需加强，农业供应链金融创新及实践亟待加强

近年来，一些食品企业在生产、物流环节采用了一些新一代信息化、智能化技术与装备，然而相比于其他行业，食品行业企业新一代信息化、智能化技术与装备的应用范围和应用深度均比较落后，特别是尚未有效地采用新一代信息化、智能化技术与装备实现企业提质增效。为了实现经济效益和社会效益提升的目标，食品行业企业新一代信息化、智能化技术与装备应用尚需加强。

由于食品行业的特点，大部分食品企业在上游需要按季节支付农户农产品收购货款，在下游被商超等渠道商占用货款，因此，对资金需要量较大。同时，食品行业企业相对于其他制造业存在固定资产较少、大部分资产为原材料和产成品等存货的特点，因此融资更加困难，农业供应链金融创新及实践亟待加强，以保障企业的创新活动。

五、对策建议

（一）以加强基础研究为着力点，建立食物与营养健康数据库，建立多层次的食物与营养知识宣传教育体系

鼓励各级政府部门以膳食营养实际需求为依据，定期更新居民膳食指南、膳食营养推荐摄入量、食物营养成分数据库。完善基础数据支撑，建立食物消费与营养评价大数据平台。以科学为导向，加强膳食营养知识宣传，建立食物与营养教育示范基地，开展食物与营养教育试点活动，推动"全民营养周"，提高公众食物与营养健康意识，引导城乡居民对食品的消费从生存型消费加速向健康型、享受型消费转变，在充分发扬传统饮食

文化精髓的基础上，引导居民建立健康合理的饮食习惯。

（二）完善食品企业科技人才保障配套政策和措施

鼓励各级政府部门根据食品行业企业的特点，对企业在自身人才文化建设、人才培训、人才到科研院所学习进修、提升人才待遇和激励机制建设方面给予相关经费和政策方面的支持。积极争取在各地方人才引进等政策中，对食品行业企业人才在子女教育、医疗、住房等人才保障配套政策和措施方面给予倾斜和重点扶持。

（三）大力鼓励和引导国产化专用设备的研制及应用

鼓励食品行业企业与装备制造企业、大学及科研院所协同创新，针对我国食品产品特色十分鲜明和国际上无同类产品的特点，研制国产化成型、灌装、杀菌等专用和非标设备。设立食品加工国产化专用设备研制专项研究项目，保障国产化专用设备研制理论基础；对食品企业国产化专用设备研制在企业研发费用加计扣除、税收优惠等方面出台优惠政策；促进国产化专用设备研制与应用。

（四）建立产学研合作信息沟通渠道

鼓励各级主管部门建立依托现代信息技术的食品行业产学研合作信息公共服务平台，建立食品行业企业与大专院校、科研院所之间实时、高效、动态的产学研合作信息沟通渠道，实现大专院校、科研院关键技术和核心工艺研发成果与企业新品种、新技术、新工艺研发需求之间的有效对接，实现企业精准选择合作研究单位，推动科研合作成果产业化。

（五）鼓励新一代信息化、智能化技术与装备应用

鼓励各级主管部门与工业和信息化主管部门联合设立食品行业企业

两化融合专项，促进企业在生产、物流等环节采用新一代信息化、智能化技术与装备，推动国产智能处理系统、超高温杀菌系统、国产吹瓶系统、国产无菌灌装系统、智能装箱和码垛系统、整线智能优化自适应系统成为主流食品企业单机智能标配，推动工业云、大数据、人工智能等新一代通用技术在食品行业的应用，实现柔性生产、定制生产和智能生产，有效地采用新一代信息化、智能化技术与装备实现企业提质增效，实现经济效益和社会效益双统一。

（六）积极鼓励食品行业一二三产业融合发展模式

鼓励各级主管部门会同环保等部门，依据绿色发展、规划引领的原则，实现区域特色农产品资源加工企业转型升级工作，依托食品行业企业的主体优势和作用，鼓励实现机制创新，发展产销一体化、休闲观光农业等，充分考虑农民的利益，构建利益联结机制，让农民分享产业链增值收益，同时实现产业提质增效和政府税收增加。

（七）探索和鼓励农业供应链金融创新及实践

鼓励各级主管部门与银行研究出台相应政策，设立专项资金，对优质食品行业企业利用原料存货、流转土地资产进行抵押贷款等给予扶持和贷款利息优惠。研究出台相应政策对食品行业企业为上游农户和合作社进行担保贷款等农业供应链金融创新及实践给予政策和资金上的支持。

2019年我国医药行业发展概况

朱军　高岩[1]

摘　要： 2019年是我国医药行业发展的重要转型和关键升级年。产业改革的步伐加速，市场开放的节奏提速，行业发展增势出现减缓，但产业运行质量有所提高。在鼓励竞争、集采降价、合理用药、医保控费、经贸摩擦等新环境下，创新、绿色、共享、高质量、国际化、智能制造、"互联网+"等新动力正推进医药行业快速转型升级。作为战略性新兴产业七大领域的重要组成部分，生物医药行业加快供给侧结构性改革，理性做减法，高效做加法，保持了相对稳健的势头，对经济发展的贡献继续增加。

关键词： 医药行业；运行情况；转型升级

Abstract： 2019 is an important transformation and key upgrading year for the development of China's pharmaceutical industry. The pace of industrial reform has been accelerated, the pace of market opening has been accelerated, and the growth of industrial development has slowed down, but the quality of industrial operation has been improved. Under the new environmental pressures of encouraging competition, reducing collecting prices, rational drug use, controling medical insurance charges and trade frictions, new power such as

---

[1] 朱军，中国医药企业管理协会副秘书长，经济师，西安理工大学硕士，主要研究方向为医药产业经济政策宏观管理等；高岩，时代方略企业管理咨询有限公司市场研究总监，经济师，北京师范大学硕士，主要研究方向为医药企业战略、互联网医疗模式等。

innovation, green, sharing, high quality, internationalization, intelligent manufacturing and Internet plus are pushing forward the rapid transformation and upgrading of the pharmaceutical industry. As an important part of seven strategic emerging industries, the biomedical industry has accelerated supply side structural reform, made rational subtraction and efficient addition, maintained a relatively stable momentum and continued to increase its contribution to economic development.

Keywords：Pharmaceutical Industry; Operation; Transformation And Upgrading

一、运行情况

（一）医药工业承压前行中增长放缓

主要经济指标增速明显回落。2019 年，受全球贸易环境不稳定因素增多、宏观经济减速及"三医"联动改革新政变化的影响，医药行业收入增速降至个位数。全年医药制造业的工业增加值增速 6.6%，高于全国工业整体增速 0.9%（见图 4-1）。2019 年全年，医药工业规模以上企业主营业务收入 26147.4 亿元，同比增长 8.0%；利润总额 3457.0 亿元，同比增长 7.0%；累计收入、利润增速分别较 2018 年同期下降 4.6%、4.0%，创历史新低。利润率 13.2%，比 2018 年提高 0.2%。医药工业出口仍保持增长，2019 年全年出口交货值 2116.9 亿元，同比增长 7.0%，增速较 2018 年同期下降 4.3%。固定资产投资增速回升。在鼓励自主创新、提升仿制药质量、支持国际化等政策的引导下，制药企业加大了新药研发、一致性评价和欧美认证等创新投入，2019 年全年医药制造业固定资产投资增速 8.4%，较 2018 年同比提高 4.4%（见表 4-1）。

图 4-1 2015—2019 年医药工业增加值增速与占比情况

资料来源：国家统计局、工业和信息化部。

表 4-1 近 3 年医药工业运行数据统计

年 份	2017 年		2018 年		2019 年	
主要指标	总额/亿元	增速/%	总额/亿元	增速/%	总额/亿元	增速/%
主营业务收入	29826.0	12.2	26156.0	12.6	26147.4	8.0
利润	3519.7	16.6	3387.2	11.0	3457.0	7.0
出口交货值	2023.3	11.1	2205.5	11.3	2116.9	7.0
固定资产投资	5986.3	-3.0	—	4.0	—	8.4

资料来源：国家统计局。2018—2019 年数据总额下降、同比增速增加，主要原因在于企业调查范围变化、剔除重复计算和非工业生产经营活动剥离，导致同比基数变化，但这一数据是真实可靠、实际可比的。

　　各子行业中创新产品成为增长主动力。在收入方面，医疗仪器设备及器械制造、化学药品制剂制造、生物药品制造的主营业务收入增长较快，增速分别高于医药工业平均水平 3.6%、3.5%、2.3%；受质量、环保、安全监管趋严和规范临床医药用品使用的影响，中药饮片加工、化学药品原料药制造、卫生材料及医药用品制造增长依旧低迷，增速依次低于医药工业平均水平 12.5%、3.0%、2.7%（见表 4-2）。在利润方面，化学药品制剂制造、生物药品制造、医疗仪器设备及器械制造的利润增长较快，增速分别高于医药工业平均水平 7.6%、7.0%、6.3%；中药饮片加工、中成药生产利润呈现负增长，同比分别下降 25.5%、1.8%（见表 4-3）。

表 4-2　2019 年 1—12 月医药工业各子行业主营业务收入

行　　业	主营业务收入/亿元	同比增长/%	比重/%
化学药品原料药制造	3803.7	5.0	14.6
化学药品制剂制造	8576.1	11.5	32.8
中药饮片加工	1932.5	-4.5	7.4
中成药生产	4587.0	7.5	17.5
生物药品制造	2479.2	10.3	9.5
卫生材料及医药用品制造	1781.4	5.3	6.8
制药专用设备制造	172.3	12.6	0.7
医疗仪器设备及器械制造	2814.8	11.6	10.8
医药工业平均水平	26147.4	8.0	—

资料来源：国家统计局。

表 4-3　2019 年 1—12 月医药工业各子行业利润总额

行　　业	利润总额/亿元	同比增长/%	比重/%	利润率/%
化学药品原料药制造	449.2	4.1	13.0	11.8
化学药品制剂制造	1172.7	14.6	33.9	13.7
中药饮片加工	162.8	-25.5	4.7	8.4
中成药生产	593.2	-1.8	17.2	12.9
生物药品制造	485.4	14.0	14.0	19.6
卫生材料及医药用品制造	184.0	10.0	5.3	10.3
制药专用设备制造	5.2	55.7	0.2	3.0
医疗仪器设备及器械制造	404.4	13.3	11.7	14.4
医药工业平均水平	3456.7	7.0	—	13.2

资料来源：国家统计局。

影响行业发展的因素交织叠加。促进增长的因素包括 3 点：一是医药市场需求和规模继续扩大。基本医疗保险参保人数进一步增加。2019 年全国参加基本医疗保险的人数超过 13.5 亿人，新增 1000 万人，参保率达 97%。全国医疗卫生机构总诊疗人次增加，2019 年 1—11 月全国医疗卫生机构总诊疗人次达 77.5 亿人次，同比提高 2.8%。据中康资讯（CMH）数据显示，2019 年全国药品终端整体市场规模测算为 17392 亿元，同比增长 4.0%，但增速较 2018 年度下降了 1.8%。二是新纳入医保支付范围的产品快速放量，成为药品市场新的增长点。据 CMH 数据显示，近几年上市的新药陆续快速进入医保目录，对市场的增长贡献超过 2%。三是环保监管政策不断完善，支持企业提高环保标准和治理水平，化学原料药产量恢复增长。2019 年化学原料药产量为 262.1 万吨，增速由负转正，同比增长 3.1%，增速较 2018 年同期增长 4.2%。

抑制增长的因素包括两点：一是集中带量采购（GPO）政策的迅速铺开，加速了仿制药价格的下降，成为行业整体收入增速下降的重要原因。2018 年 12 月首批国家组织药品集中采购"4+7"的 25 个药品平均降价 52%；9 月 "4+7" 全国扩面招标均价又进一步降低 25%，预计相关药品费用全国可减少支出约 250 亿元。二是医保控费力度加大、标准加严，药品、耗材零加成销售范围扩大等因素，对医疗机构医药消费需求抑制明显。2019 版《国家基本医疗保险、工伤保险和生育保险药品目录》重点监控的药品 2018 年全国公立医院销售额为 652.8 亿元，随着各地陆续出台相应目录，一些受监控药品和辅助性药物的销售下降较多。西医开中成药处方受到资质制约，注射剂使用限制更加严格，这些都是造成中成药生产产量下降的原因。2019 年中成药产量 246.4 万吨，在 2018 年度下滑 7.7% 的基础上，同比又下降了 2.9%。

在宏观形势景气度下降的情况下，医药行业遇到了诸多创新竞争和转型升级的挑战，现金流指数较高，盈利指数较低，企业发展趋于保守。分行业来看，化学制药行业景气度最为稳定，医药研发作为新兴领域稳定性较低，医疗器械景气度较高，中药景气度偏低。分区域来看，东北地区景气度呈下降趋势，华北地区景气度呈上升趋势，华东地区景气度基本稳定，西部地区景气度相对低迷。华东、华北地区医药行业基础水平较强，区域产业结构调整先行，表现出较好的景气度（见图 4-2）。

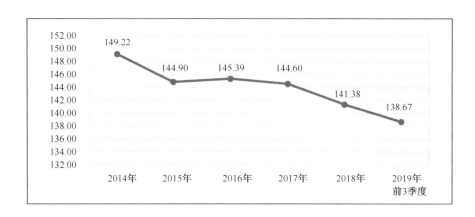

图 4-2　2014—2019 年前 3 季度中国医药上市公司总景气指数

资料来源：时代方略咨询公司。

（二）政策调控和监管改革不断深入

2019 年，我国的产业调控更加科学规范，政府陆续出台一系列深化医药卫生体制改革、引导产业升级、鼓励药物研发的政策文件。10 月，国家卫生健康委员会联合工业和信息化部等五部门联合发布《第一批鼓励仿制药品目录》，支持临床急需的抗肿瘤、传染病、罕见病等治疗药物及妇儿、老年、慢性病患者用药等的开发，科学引导医药企业研发、注册和生产。11 月，国务院深化医药卫生体制改革领导小组出台《关于以药品集中采购和使用为突破口进一步深化医药卫生体制改革的若干政策措施》，要求推动药品生产与流通企业跨地区、跨所有制兼并重组，培育一批具有国际竞争力的大型企业集团，加快形成以大型骨干企业为主体、中小型企业为补充的药品生产、流通格局；国家发展和改革委员会修订发布《产业结构调整指导目录（2019 年本）》，反映了相关领域最新技术的发展趋势，指明了我国产业结构调整和技术升级的方向，鼓励医药企业紧跟国际前沿技术，加快开发具有国际竞争力的新产品，突破关键共性技术，提高国产化水平，满足我国重大、多发性疾病的防治需求。

监管措施日臻完善。新修订的《药品管理法》自 2019 年 12 月 1 日起实施,从药品研制和注册、生产、经营、上市后监管等各环节完善监管制度,监管理念从以企业为主转变为以产品为主,从准入资格管理转变为以动态监管为主。2019 年 12 月 1 日开始实施的《疫苗管理法》重构疫苗风险管控和供应保障体系,开启了利用系统的法律架构对疫苗进行全过程监管的最严模式。药品上市许可持有人制度和原辅料登记备案全面推行,药品全生命周期监管制度体系基本形成;医疗器械注册人制度试点扩大至 21 个省份,下一步有望在全国推行;医疗器械唯一标识系统启动建立,医疗器械全生命周期监管体系日趋健全。"三医"联动改革向全链条深化。药品、高值耗材等使用监测体系更加强化,带量集采范围进一步扩大。医联体、医共体网络大力推进,分级诊疗系统更趋完善。医疗保险体系标准化和信息化建设提速,医疗保险基金法制化管理深入,医疗保险支付改革注重多元化复合方式,疾病诊断相关分组付费制在 30 座城市试点。一系列规范性政策倒逼企业加快转型升级。

(三)技术创新水平与效果持续提高

科技创新环境不断优化。一是医药政策改革促进创新。新版《药品管理法》将改革措施以法律形式固化,建立了优先审评审批、临床试验默示许可制、临床试验机构备案制、附条件批准等制度,为我国医药创新营造了良好的政策环境。药品上市许可持有人制度的全面实行进一步激发了不同创新主体的热情,促进了创新要素的合理配置。医疗保险准入兑现创新药价值。2019 年《国家基本医疗保险、工伤保险和生育保险药品目录》通过价格谈判的方式新增 70 个纳入报销范围的药品,其中绝大多数都是近年来上市的新药,甚至不少是 2018 年新上市的。二是研发创新投入显著增加。2019 年前 3 季度,A 股 279 家医药企业研发投入总计 290 亿元,同比增长 26%,其中恒瑞医药、复星医药研发费用超过 20 亿元。三是资本市场青睐医药和医疗器械领域。据火石创造研究显示,医药企业吸引了大量风险投资,生物医药领域投融资市场活跃。生物医药领域,2019 年全国共有 43 家公司挂牌上市，募集资金总额 362.4 亿元；融资事件 857 起，融资总金额 1115.6 亿元；并购事件 609 起，涉及资金 1095.5 亿元。2019 年 A 股市值最高的生物药公司恒瑞和医疗器械公司迈瑞的市值分别超过了 4000 亿元和 2000 亿元。截至 2019 年年底，年内共有 13 家生物医药企业在港股上市，其中绝大多数为创新型企业。科创板开市，共有 17 家创新型生物医药相关企业上市，占比 24.3%，上市公司净募集资金合计 138.1 亿元，新药开发、疫苗生产和医疗器械企业成为资本投资的重点领域。

重大创新成果加速落地。药品审评审批流程不断优化，在鼓励创新的特殊与优先审评审批政策支持下，一批临床急需、公众期待的创新药、紧缺药快速上市。2019 年，国家药品监督管理局（NMPA）批准了 14 个国产新药，包括化学药 7 个、生物药 PD-1 抗体 2 个、生物制品（疫苗）3 个、6.1 类中药 2 个；其中，1 类新药 10 个（见表 4-4）。创新价值瞩目的新药有聚乙二醇洛塞那肽、本维莫德、甘露特纳（有条件批准）、甲磺酸氟马替尼、甲苯瑞马唑仑、甲苯磺酸尼拉帕利（附条件批准）、13 价肺炎球菌多糖结合疫苗、双价人乳头瘤病毒疫苗等。同时，16 个临床急需境外新药和一批首仿药快速上市，主要首仿药包括：全球年销售额前 10 的利妥昔单抗、阿达木单抗和贝伐珠单抗 3 个生物类似药（见表 4-5）及阿哌沙班化学首仿药（见表 4-6）等。另外，批准了 19 个创新医疗器械上市，部分重点产品如表 4-7 所示。特别是拥有自主知识产权的医用重离子加速器即碳离子治疗设备的获批，打破了我国高端放疗市场被国外产品垄断的局面，对于提升我国肿瘤医学诊疗手段和水平具有重大意义。

表 4-4　2019 年 NMPA 批准上市的新药

序号	企　业	通　用　名	适　应　证	备　　注
1	豪森药业	聚乙二醇洛塞那肽注射液	糖尿病	化学药
2	豪森药业	甲磺酸氟马替尼片	白血病	化学药
3	金迪克	四价流感病毒裂解疫苗	预防疫苗	生物制品
4	中昊药业	本维莫德乳膏	银屑病	化学药
5	恒瑞医药	注射用卡瑞利珠单抗	淋巴瘤	生物药 PD-1 抗体

续表

序号	企　业	通　用　名	适　应　证	备　　注
6	恒瑞医药	注射用甲苯瑞马唑仑	胃镜检查镇静剂	化学药
7	同联制药	可利霉素片	抗生素	化学药
8	绿谷制药	甘露特纳胶囊	阿尔茨海默病	化学药
9	再鼎医药	甲苯磺酸尼拉帕利胶囊	抗肿瘤	化学药
10	百济神州	替雷利珠单抗注射液	淋巴瘤	生物药 PD-1 抗体
11	万泰沧海	双价人乳头瘤病毒疫苗	宫颈癌疫苗	生物制品
12	沃森生物	13 价肺炎球菌多糖结合疫苗	预防疫苗	生物制品
13	天士力	芍麻止痉颗粒	抽动障碍	6.1 类中药
14	方盛制药	小儿荆杏止咳颗粒	儿科止咳用药	6.1 类中药

表 4-5　2019 年 NMPA 批准上市的国产首家生物类似药

序号	企　业	通　用　名	适　应　证
1	复宏汉霖	利妥昔单抗注射液	淋巴瘤
2	百奥泰	阿达木单抗注射液	类风湿关节炎、强直性脊柱炎
3	齐鲁制药	贝伐珠单抗注射液	结直肠癌

表 4-6　2019 年 NMPA 批准上市国产临床急需重点仿制药

序号	企　业	通用名	适　应　证
1	天晴（首仿）、齐鲁	托法替布	类风湿关节炎、银屑病等
2	天晴（备注）、齐鲁	来那度胺	骨髓瘤
3	天晴（首仿）、科伦、齐鲁	吉非替尼	非小细胞肺癌
4	盛迪（首仿）、天晴、山香	阿比特龙	前列腺癌
5	天晴（首仿）	利伐沙班	抗血栓
6	豪森（首仿）、天晴、科伦	阿哌沙班	抗血栓
7	汇宇（首仿）、天晴	阿扎胞苷	骨增生异常综合征（MDS）、白血病等

注：来那度胺首仿企业为双鹭，2017 年 12 月获批上市。

表 4-7　2019 年 NMPA 批准上市的部分创新型医疗器械重点产品

序号	企　业	产品名称
1	北京乐普医疗	生物可吸收冠状动脉雷帕霉素洗脱支架系统
2	重庆润泽医药	多孔钽骨填充材料
3	青岛中皓生物	脱细胞角膜植片

序号	企　业	产品名称
4	兰州科近泰基	碳离子治疗系统
5	上海联影	正电子发射及 X 射线计算机断层成像扫描系统
6	杭州优思达生物	核酸扩增检测分析仪（结核分枝杆菌复合群核酸定性检测）

资料来源：国家药品监督管理局。

（四）质量标准及保障能力继续提升

1. 仿制药质量评价全面推进

2019 年 10 月，国家药品监督管理局发布《化学药品注射剂仿制药质量和疗效一致性评价技术要求（征求意见稿）》，仿制药质量和疗效一致性评价提速。截至 2019 年年底，已上市仿制药一致性评价受理总数达到 1722 个受理号，是 2018 年的 1.7 倍。其中，注射剂一致性评价受理号为 557 个，占 32.3%；仿制药一致性评价承办的受理号达到 1038 个，同比增加 69.6%；通过的受理号数为 237 个，同比增加 111.6%。仿制药一致性评价承办品种共计 449 个，涉及企业 473 家。受理号数量前三的省份为江苏、山东和广东，一致性评价通过企业数达到 3 家或以上的品规已有 47 个。通过一致性评价（含视同通过及注射剂）的品规累计 491 个，涉及 173 个品种（按照通用名）。国产仿制药质量水平进一步提升。

2. 医药对基本医疗的保障水平提升

2019 年《国家基本医疗保险、工伤保险和生育保险药品目录》共收录药品 2709 个，调入药品 218 个，调出药品 154 个，净增 64 个，优先考虑国家基本药物、癌症及罕见病等重大疾病治疗用药、慢性病用药、儿童用药、急救抢救用药等新需求，新增的 70 个药品价格平均下降 60.7%，减轻了参保人员负担，提升了患者临床用药可及性和获得感。

3. 短缺药品保供能力增强

国务院办公厅于 2019 年 10 月发布《关于进一步做好短缺药品保供稳

价工作的意见》，明确加强市场监测、规范用药管理、完善采购机制、加大价格监管和健全多层次供应体系等措施，保障短缺药稳定供应。工业和信息化部等部门联合认定了第二批小品种药（短缺药）集中生产基地建设单位 3 个，使总数达到 6 个。通过加大原料药领域反垄断执法力度，价格异常波动和市场供应紧张状况明显缓解。针对重大疾病治疗、罕见病、儿童用药等短缺药，以及应对突发公共卫生事件的特需药物的保供能力进一步增强。

（五）国际化市场程度进一步升级

出口结构质量改善，医疗器械和生物药出口增速领先。医疗器械的外贸增势良好，成为出口增速最快的医药细分领域。2019 年全年医疗仪器设备及器械制造出口交货值达 724.2 亿元，增速为 11.7%，高于医药工业平均增速 4.7%，出口总额超过原料药，占比达 34.2%。面向"一带一路"新兴市场和发达国家的制剂出口加快增长，特别是生物药全年出口交货值达 205.6 亿元，增速为 11.1%，高于医药工业平均增速 4.1%。仿制药国际注册进入收获期，累计获得欧美仿制药批件 450 余个。据统计，2019 年国内 29 家制药企业的 96 个仿制药申请（ANDAs）获得美国 FDA 批准（含正式和暂时），数量与 2018 年的 97 个基本持平，占 FDA 年度批准仿制药数量的 10%左右。技术含量较高的缓控释 ANDAs 和注射剂 ANDAs 获批增多,2019 年注射剂 ANDAs 获批数量占比达 30%（见表 4-8）。

表 4-8　2019 年中国药企 ANDAs 获批情况

序号	企　业	获批数量/个	ANDAs 品种
1	复星医药	18	贝美前列素滴剂、美法仑注射剂、奥洛他定滴剂（2）、唑来膦酸注射剂、艾司洛尔注射剂、度洛西汀肠溶胶囊、坦罗莫司注射剂、度骨化醇注射剂、格隆溴铵注射剂、甲硫酸新斯的明注射剂、骨化三醇注射剂、恩替卡韦片（2）、伊立替康注射剂、莫西沙星、阿糖胞苷注射剂、甲磺酸齐拉西酮注射剂

续表

序号	企　业	获批 数量/个	ANDAs 品种
2	南通联亚	12	甲泼尼龙片、炔雌醇+醋酸炔诺醇片、可乐定缓释片、硝苯地平缓释片、替扎尼定胶囊、雌二醇+醋酸炔诺酮片、非诺贝特胶囊、去氨加压素片、地尔硫卓缓释胶囊、酒石酸长春瑞滨注射剂、诺孕酯+炔雌醇片、奥昔布宁片
3	海正药业	8	替格瑞洛片、替米沙坦片、氯沙坦钾片、柔红霉素注射剂（2）、多柔比星注射剂、放线菌素 D 注射剂、克拉屈滨注射液
4	东阳光药	7	普拉格雷片、左氧氟沙星片、奥美沙坦酯片、阿格列汀、他达拉非片、阿哌沙班、芬戈莫德胶囊
5	南京健友	6	苯磺顺阿曲库铵注射剂（2）、肝素钠注射剂、左亚叶酸钙注射剂（2）、依诺肝素钠注射剂
6	景峰医药	5	双环胺注射剂、甲泼尼龙片、福沙吡坦二甲葡胺注射剂、利多卡因软膏、安非他命缓释胶囊
7	齐鲁制药	5	奥美沙坦酯片、卡非佐米、他达拉非片、琥珀酸索利那新片、醋酸阿比特龙片
8	华海药业	4	氯化钾缓释片、利伐沙班、氯化钾缓释胶囊、多非利特胶囊
9	人福医药	4	丁螺环酮片、烟酸缓释片、萘普生钠片、氯化钾缓释片
10	石药集团	3	阿奇霉素片、琥珀酸索利那新片、普瑞巴林胶囊
11	海南双成	2	普瑞巴林胶囊、比伐芦定注射剂
12	普利制药	2	依替巴肽注射剂、万古霉素注射剂
13	青岛百洋	2	度洛西汀肠溶胶囊、塞来昔布胶囊
14	上海医药	2	多西环素胶囊、多西环素片
15	宣泰医药	2	普罗帕酮缓释胶囊、泊沙康唑缓释片
16	北京泰德	1	替格瑞洛片
17	博瑞医药	1	恩替卡韦片
18	博雅制药	1	琥珀酸索利那新片
19	步长制药	1	他达拉非片
20	恒瑞医药	1	达托霉素注射剂
21	华东医药	1	泮托拉唑钠注射剂
22	鲁南制药	1	瑞舒伐他汀钙片
23	民生药业	1	利塞膦酸钠片
24	普洛药业	1	万古霉素注射剂

续表

序号	企　业	获批数量/个	ANDAs 品种
25	瑞阳制药	1	奈必洛尔片
26	安必生	1	坦索罗辛胶囊
27	永太科技	1	瑞舒伐他汀钙片
28	永信药品	1	非洛地平缓释片
29	亚宝药业	1	甲苯磺酸索拉非尼片

资料来源：国家药品监督管理局南方医药经济研究所。

国际化创新取得突破，国产新药在境外开展临床研究和上市申报增多。2019 年，包括百济神州、复星医药、信达生物、天境生物、丹诺医药等一批创新医药企业在海外的临床研究获得了突破性进展，通过追随全球热门靶点药物，抢占原始创新领先机会。百济神州的泽布替尼胶囊、石药集团的马来酸左旋氨氯地平片 2 个新药上市申请（NDA）获得 FDA 批准。其中，百济神州自主研发治疗淋巴瘤的 BTK 抑制剂泽布替尼（BRUKINSA™）获批加速上市，实现了国产创新药境外注册零的突破。

二、景气指数

2019 年是我国医药行业发展历程中的重要一年。这一年，时隔 18 年再次修订的《药品管理法》和新制定的《疫苗管理法》正式出台、第二批带量采购如约而至、《第一批国家重点监控合理用药药品目录》发布等事件影响了医药行业的发展趋势。通过对中国医药上市公司的经营数据进行深入分析，得出的中国医药上市公司景气指数可以展现中国医药行业近年来的发展变化。

（一）总体景气指数处于稳健发展区间

2019 年，中国医药上市公司总景气指数为 138.67，处于"较为景气"的稳健发展区间。但是，在国内宏观经济下行压力增加、全球贸易保护主义抬头、中美经贸摩擦加剧等外部不利因素的影响下，近 5 年来的缓慢下降趋势并没有得到改变（见图 4-3），医药行业仍然面临较为严峻的产业调整和转型发展压力。淘汰落后产能，拥抱全新的行业生态，以科技创新为驱动力推动行业前行是中国药企共同肩负的使命。

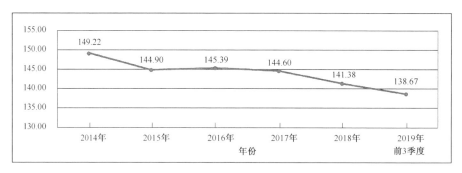

图 4-3　近 5 年来中国医药上市公司总景气指数变化图

资料来源：时代方略。

（二）分项景气指数

通过详细对比各项细分指标（见图 4-4）发现，2019 年的生产景气指数、成本景气指数均低于 2018 年度，即行业整体收入规模和营业成本控制能力均较 2018 年度有一定程度的下降。如何保持收入规模稳定、成本控制合理将是医药企业面临的共同问题。

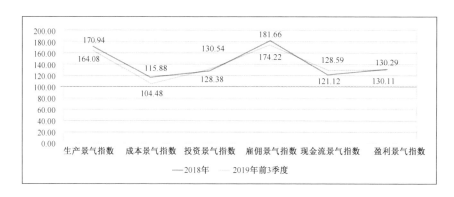

图 4-4　2018 年与 2019 年中国医药上市公司景气指数对比图

资料来源：时代方略。

雇佣景气指数下降，企业用人成本提升，然而企业盈利景气指数与2018年度相近，整体盈利能力未受影响。目前，带量采购范围不断扩大，针对学术代表进院的监管力度也日趋严格，企业需要根据实际业务需求调整人才结构和人力资源投入方向，合理控制各项期间费用的支出结构，保证稳定的盈利能力。

现金流景气指数较高，反映出企业正在趋于保守，在整体盈利能力稳定的情况下通过改善现金流情况保持生产经营稳定，提升风险应对能力。

分地域来看（见表 4-9），华北和华东经济发达地区综合总景气指数较高。华东地区优势十分明显，反映出江浙沪地区的行业资源富集、产业链条完整、政策扶持完善等客观条件所带来的产业优势推动了区域内企业良好的发展态势。与此同时，雇佣景气指数高，人才聚集和产业聚集的积极循环已经形成。与之相反，东北地区的投资景气指数已经连续两年位于相对不景气的区间，区域内产业发展急需更大规模的政策扶持、更高层次的产业布局。

表 4-9 分地域医药上市公司总景气指数分解

地 域	平均值项：2019综合生产景气指数	平均值项：2019综合成本景气指数	平均值项：2019综合投资景气指数	平均值项：2019综合雇佣景气指数	平均值项：2019综合现金流景气指数	平均值项：2019综合盈利景气指数	平均值项：2019综合总景气指数
东北	152.50	104.38	88.13	149.38	123.75	110.00	121.35
华北	175.41	109.19	114.05	174.59	127.30	142.70	140.54
华东	172.50	117.50	145.77	189.04	126.73	144.42	149.33
华南	153.62	102.77	128.51	171.28	130.43	116.17	133.79
华中	147.67	78.00	141.00	169.33	125.33	113.67	129.17
西部	161.16	89.30	118.60	153.95	136.28	118.84	129.69
总 计	164.08	104.48	130.54	174.22	128.59	130.11	138.67

分行业来看，医药流通行业景气指数较高，两票制全面落地和多地的一票制试点，推动了行业整合，进一步提升了行业景气程度（见表 4-10）。

同时，受政策监管变化和整体行业重复投入影响较大的医疗行业和中药行业景气程度较低。盈利景气指数方面，生物制药领域表现优异，整体行业发展较 2018 年度提升明显。

表 4-10　分行业医药上市公司总景气指数分解

细分行业	平均值项：2019综合生产景气指数	平均值项：2019综合成本景气指数	平均值项：2019综合投资景气指数	平均值项：2019综合雇佣景气指数	平均值项：2019综合现金流景气指数	平均值项：2019综合盈利景气指数	平均值项：2019综合总景气指数
化学制药	163.50	114.79	132.31	172.74	125.04	128.97	139.56
生物制药	157.08	95.42	125.83	168.33	127.50	151.67	137.64
医疗行业	138.00	83.00	112.00	172.00	120.00	110.00	122.50
医疗器械	172.20	107.40	132.80	182.20	141.60	140.20	146.07
医药流通	195.71	104.29	168.57	200.00	157.14	195.71	170.24
医药研发	171.43	82.86	131.43	171.43	122.86	102.86	130.48
中药企业	156.73	90.55	120.36	166.91	119.82	104.36	126.45
总　　计	164.08	104.48	130.54	174.22	128.59	130.11	138.67

三、问题与机遇

（一）正视客观挑战

一是行业发展迎来瓶颈期。鼓励医药创新、规范医疗市场、完善医疗保险支付等改革力度加大，不合理用药、辅助用药和过度诊疗现象受到限制，需求侧拉动产业的动力阶段性弱化，医药市场进入慢增长的中低速态势。据中康资讯数据显示，2019 年中国药品终端规模测算超过 1.7 万亿元，增速为 4.0%，但同比下降 1.8%。医疗保险筹资增速仍赶不上支出增速，2019 年前 11 个月医疗保险收入为 22077 亿元，支出为 18673 亿元，收入增速 22.22%，较支出增速 26.6% 落后 4.4%，医疗保险控费的压力和任务依旧很大，势必向医药行业进一步传导。

二是市场竞争优胜劣汰加剧。一致性评价成为仿制药参与市场竞争的门槛。已通过一致性评价的仿制药投入较大,据统计,单个品种评价费用支出最少 150 余万元,最多可达 2000 万元以上,中位数均值为 678 万元,而集采降价导致的收益不确定性也很大,以带量采购促进药价实质性降低成为常态。在国家和各地陆续开展药品和医用耗材以量换价的集采推动下,临床用药金额较大的药品还会继续降价。2020 年 1 月,第二批国家药品集采初步报量的合同采购金额超过 87 亿元,中标价格最高降幅达 93%,中选价平均降幅达 53%。随着欧美创新药、印度仿制药的进口加快,更多过专利期药、慢性病仿制药的价格迅速下滑,国内医药企业增长和盈利压力陡增,行业面临转型升级发展的"阵痛期"。

三是原料药绿色发展任务艰巨。在绿色、可持续发展的大环境下,我国对生态环境的保护力度不断加大。在监管标准不断提高的环境下,原料药企业环保安全水平达标问题、市场供求关系不稳定的矛盾依然突出,生态环境治理的短板和薄弱环节依然较多。《土壤污染防治法》施行,土壤和地下水污染防治、固体废物与化学品环保管理等问题亟待改善,原料药生产与国际化接轨的环境安全管理水平有待提高。《推动原料药产业绿色发展的指导意见》发布,原料药行业可持续发展能力急需进一步提升。

(二)积极抢抓机遇

一是全民健康需求持续增加。我国有 14 亿人口的健康大需求,城乡基本医疗保险参保率超过 98%。其中,有 2.5 亿 60 岁以上老年人群的健康高需求,65 岁及以上人口占比达 12.6%,同比提高 0.7%;还有 2.5 亿 15 岁以下少年儿童的健康新需求,以及肿瘤、心脑血管等现代慢性病的健康多需求正在快速增长。中国特色的医疗保险制度高质量建设大力推进,新版医疗保险目录扩容实施,全民医疗保险水平提高,商业医疗保险服务扩大,刚性需求潜力巨大。

二是创新发展迎来最好时代。支持医药创新的政策和环境不断完善。

创新产品通过特殊或优先审评审批途径快速上市，新药进入医疗保险目录加快，市场培育期大大缩短。研发产业链配套日益成熟，拥有自主产权的化学创新药、生物药和高端医疗器械研发方兴未艾。新兴医疗技术融合创新活跃。据不完全统计，约有200家医药企业在研究开发新型医疗人工智能新产品，5G移动通信技术在医疗领域的应用也逐渐增加，科技创新对医药市场发展的支撑和引领作用日益增强。

三是产业结构调整步入活跃期。受供给侧结构性改革深入推进的影响，产业链监管要求变革加快。鼓励智能制造、智慧管理、共享经济等行业政策推动医药企业更加注重集约化经营，集采和支付政策的改变促使临床用药结构、市场发展模式正在深度调整。仿制药产品面临价格挤压和成本上升，盈利空间缩小，同质化竞争淘汰加速。医药企业结构出现新分化，行业重组整合的客观需求增多，创新型企业有望加快发展成为国际化公司，中国制造的创新药和仿制药越来越多地加速走向国际市场。

四、2020年展望

新的一年是实现全民健康的决胜年。现阶段，中国经济正迈向高质量发展的新时代。据统计局数据显示，2019年全国经济规模GDP接近100万亿元，人均收入达1万美元，受过高等教育和拥有技能的人才资源约1.7亿人，中等收入群体超过4亿人，市场主体有1亿多人，上述国内市场资源具有巨大的发展潜力。2020年是"十三五"规划的收官之年，也是打赢"三大攻坚战"的关键之年，更是决胜全面建成小康社会的冲刺之年。"没有全民健康，就没有全面小康"。《"健康中国2030"规划纲要》提出，2020年的健康服务业总规模预计达到8万亿元以上。2020年6月1日，《基本医疗卫生与健康促进法》将施行。随着国家"三医联动"改革力度的加强，政府财政医疗卫生的投入将进一步增加，健康市场的外在刚性需求会持续增长，医药行业的内在发展动力有望保持充足。虽然面临着降价压力增大、竞争程度扩大、创新难度加大等诸多挑战，但随着创新引领效应显现、新产品上市增多、高标准国际化进程加快、新旧动能转换活力释放等有利条件的增加，为医疗行业未来发展带来巨大机遇。如何在不确定性增加的环境中保持良好的态势？高效加快转型、加速升级是关键。通过聚焦临床重大需求、生物药快速产业化、仿制药和传统药提升质量水平、原料药绿色发展、高端医疗器械国产化、市场竞争对标全球高端化等重点领域实现突破，打造具有"硬核"竞争力的新产品、新技术、新服务、新模式、新业态、新市场。

另外，新冠肺炎疫情的突发影响显著。这一使全国进入一级响应的重大公共卫生事件给全社会经济运行带来很大冲击，也使影响医药行业发展的不确定性因素更加复杂。短期来看，为应对疫情和救治急需，部分抗病毒药物、医疗器械与诊断试剂、卫生材料和医药用品等市场需求会激增。而因防疫引起的人力短缺、物流限制、原料紧张及部分需求受限等不利因素叠加，对医药企业的整体收入和利润增长的负面影响也会相应增加。疫情具有一定拉动市场需求的后效应，会有利于抵消一部分集采降价和医疗保险控费扩大实施后的影响。随着疫情后各项恢复产业发展的支持政策落实到位，2020 年下半年发展增速有望补回上半年疫情影响的缺口，但全年收入、利润增速很难回到 2019 年的水平，利润增速压力还会大于收入。若国内疫情管控延长，国外疫情不利超出预期，国内市场和国际贸易发展不确定性增大，很可能进一步拉低发展增速，甚至出现总额回落。总体而言，医药行业发展增速逐渐放缓已成常态。

长期来看，我国作为全球产业链最齐全的国家，医药行业的增长动力、结构调整、运行方式在不断优化，化解公共卫生突发事件的调控能力也明显提高，强化全面保障全民健康的公共卫生和分级诊疗体系建设将更加受到重视，医药市场可持续增长的态势依然强劲。

五、对策建议

一是完善产业链调控政策。以创新驱动和高质量发展为指引，完善财税、融资优惠政策，支持医药产品基础创新和快速产业化；推进医药制造业创新中心建设，提升医药生产智能制造水平；优化医药产业园合理布局，推动化学原料药绿色发展。

二是加快培育新的增长点。鼓励聚焦基于新靶点、新作用机制的生物药研发和高端医疗器械开发，发展以肿瘤细胞免疫治疗为代表的抗体、疫苗等精准医疗创新技术。加快突破行业关键性、共性技术瓶颈，促进医药行业提质增效。

三是引导企业集约化发展。分类提高医药产品的注册、质量、环保、安全、能源等监管标准，加快推进仿制药质量和疗效一致性评价。严格市场准入规范，加强行业动态监管，形成市场倒逼机制，促进强势企业整合和落后企业退出。

四是健全多层次医疗保险系。加快建立统一的医疗保险支付标准，鼓励优先使用通过一致性评价的仿制药。大力发展商业健康保险，支持商业保险产品创新，扩大商业健康保险个人所得税优惠幅度，满足人民群众多样化的健康保障需求。

五是提升国际化质量水平。加大对自主创新医药产品和制剂出口的税收优惠，引导增加国际高端市场出口。完善出口信贷及出口信用保险政策，支持优势企业走出去整合海外资源。鼓励开发"一带一路"市场潜力，促进产能转移国际化合作。

六是强化医药战略性储备。加大医药储备前瞻性布局，增加生物安全战略储备投入。完善实物、技术、功能、信息和产能等组合储备形式，增强常态和动态储备结合作用，健全对承储单位补偿机制，提高应对公共卫生突发事件的响应速度和应急能力。

B.5
2019 年我国纺织行业发展概况

刘欣[1]

摘　要： 在市场需求趋弱和贸易风险上升的背景下，2019 年，我国纺织行业供需两端增速持续放缓，企业投资增长动力偏弱，行业整体效益水平下滑，主要经济运行指标总体增速呈现放缓态势。2019 年，纺织行业景气度总体处于扩张区间。2020 年，我国纺织行业面临国内投资压力较大、国际市场下行压力加剧、新冠肺炎疫情对行业影响较大等问题。下一步，还应引导和支持企业加快转型升级、持续完善企业发展环境，助力我国纺织行业平稳健康地发展。

关键词： 纺织行业；运行情况；景气指数；消费升级

Abstract： Under the background of weak market demand and rising trade risks, in 2019, the growth of supply and demand side of China's textile industry continued to slow down, the growth momentum of enterprise investment was weak, the overall efficiency level of the industry declined, and the main economic operation indicators overall showed a slowdown trend. In 2019, the overall prosperity of the textile industry is in the expansion range. In 2020, the domestic textile industry will face the problems of novel coronavirus pneumonia and the new international market pressure.

---

[1] 刘欣，中国纺织工业联合会产业部副主任，南开大学硕士，研究方向为纺织产业经济等。

In the next step, China should guide and support enterprises to accelerate transformation and upgrading, and continuously improve the development environment of enterprises, to stabilize the healthy development of China's textile industry.

Keywords： Textile Industry; Operation; Prosperity Index; Consumption Upgrading

2019 年，世界经济经历了前所未有的挑战，经贸摩擦、地缘政治局势紧张等诸多不确定性因素将全球经济增长速度拖入了同步放缓的境地，不少经济指标甚至创下了 2008 年国际金融危机以来的新低，全球经济微弱复苏步伐更显沉重，全球贸易整体呈疲弱状态。

在外部风险挑战明显增多的复杂形势下，2019 年我国宏观经济增长总体也呈现放缓态势，仅在 2019 年 11 月、12 月部分宏观经济指标出现积极变化，略有弱复苏迹象。从生产来看，2019 年 12 月规模以上工业增加值同比增长 6.9%，比 10 月、11 月分别加快了 2.2%、0.7%；从需求来看，12 月社会消费品零售总额同比增长 8%，比 10 月加快 0.8%，与 11 月持平；从投资来看，1—12 月固定资产投资（不含农户）增长 5.4%，比 1—11月加快 0.2%；从进出口贸易来看，12 月货物进出口总额增长 12.7%，比 11 月加快 10.7%。与此同时，2019 年 12 月，国内制造业 PMI 持平于 11月的 50.2，连续两个月位于荣枯线以上，同期，非制造业商务活动指数为 53.5，也位于较高的景气区间。

一、运行情况

2019 年，我国纺织行业面临的国内外风险挑战明显增多，全行业坚持深化供给侧结构性改革，持续加快推动转型升级。但在国内外市场需求放缓、贸易环境更趋复杂、综合成本持续提升等多重压力下，企业的投资增长动力偏弱,效益水平下滑,主要经济运行指标增长速度均呈现放缓态势。

(一)国内外市场压力较大

2019 年,我国纺织服装内销增速较 2018 年明显放缓。根据国家统计局数据显示,2019 年,全国限额以上服装鞋帽、针纺织品类商品零售额为 13517 亿元,同比增长 2.9%,增速较 2018 年放缓 5.1%,低于同期限额以上单位商品零售增速 0.8%;全国居民衣着类商品消费支出 18733 亿元,同比增长 4.16%,增速较 2018 年放缓 0.38%,低于同期全国居民消费商品支出增速 4.8%。网上零售仍保持较好的增长势头,但自 2019 年 6 月之后也有逐月放缓的迹象,2019 年全国网上穿着类商品零售额同比增长 15.4%,增速较 2018 年放缓 6.6%(见图 5-1)。

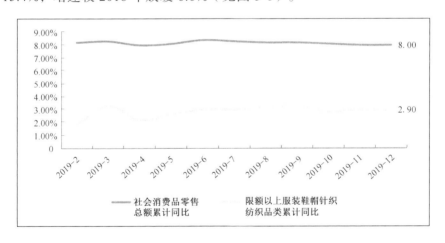

图 5-1 2019 年 2—12 月我国社会消费品零售及纺织品

服装内销累计同比增速对比

资料来源:中国纺织工业联合会产业经济研究院。

纺织品服装出口压力仍较为明显,仅在 2019 年年底出口增速的降幅较之前有所收窄。2019 年,受国际经济复苏减弱、贸易环境不确定性增多等因素影响,我国纺织行业出口压力较 2018 年有所增加,产品结构、市场结构调整加快。根据我国海关数据显示，2019 年纺织品服装累计出口金额 2807.1 亿美元，同比下降 1.5%，降幅较 1—11 月收窄 0.8%。其中，纺织品出口金额 1272.5 亿美元，同比增长 1.4%；服装出口金额 1534.5 亿美元，同比下降 4.0%。从出口市场来看，我国对传统发达国家和地区市场的出口规模下降，而对新兴市场的出口较为积极。2019 年 1—12 月，我国对美国、欧盟、日本出口纺织品服装的金额同比分别下降 6.6%、4.4% 和 4.6%；对"一带一路"沿线国家出口额增长 3.7%；对非洲纺织品服装出口额同比增长 8.4%。

（二）行业生产保持低速增长

2019 年，我国纺织行业工业增加值保持低速增长水平。根据国家统计局数据显示，2019 年我国规模以上纺织企业工业增加值同比增长 2.4%，较 2018 年放缓 0.5%。产业链各环节中，除化纤行业、长丝织造行业增加值保持较快增长外，其余均增势放缓。终端产品承压较大，产业用纺织制成品制造业、服装服饰制造业增加值出现不同幅度放缓的迹象，同比分别增长 6.9% 和 0.9%，增速较 2018 年分别放缓 1.7% 和 3.5%；家用纺织制成品制造业增加值甚至出现负增长，同比下降 1.2%，较 2018 年下降 4.9%，体现出国内外消费市场需求压力加大的情况。

受生产增长较快等因素的支持，前道化纤行业增加值增速有所加快，同比增长 11.9%，增速比 2018 年高 4.3%。受订单下滑和纺织产业链投资周期性调整等因素的影响，纺机行业增加值增速持续走低，同比减少 7.5%，增速较 2018 年大幅放缓 17%。

从主要大类产品的产量情况来看，规模以上企业纱、布产量增速分别为 -1.9%、-6.0%，均较 2018 年同期有所放缓；服装产量同比减少 3.3%，但降幅较 2018 年略收窄 0.1%；化纤、无纺布和印染布产量增长平稳，增速分别保持在 12.5%、9.9% 和 2.8%（见表 5-1）。

表 5-1　2019 年 1—12 月规模以上纺织企业主要大类产品产量

产品名称	单 位	产 量	同比/%	较 2018 年同期变化/%
纱	万吨	2892.1	-1.9	-1.7
布	亿米	456.9	-6.0	-5.9
印染布	亿米	537.6	2.8	0.2
无纺布（非织造布）	万吨	503.0	9.9	17.9
服装	亿件	244.7	-3.3	0.1
化纤	万吨	5952.8	12.5	4.8

资料来源：国家统计局。

（三）行业投资表现低迷

2019 年，受国内外需求不足、贸易环境风险上升、全球产业布局调整等因素的影响，我国纺织行业国内投资意愿低迷，投资降幅自 2019 年 6 月之后逐步加深，直到 12 月降幅略有收窄。根据国家统计局数据显示，2019 年 1—12 月，我国纺织行业固定资产投资完成额同比下降 5.8%，较 2019 年 1—11 月降幅水平收窄 1.5%。其中，纺织业固定资产投资完成额同比下降 8.9%；服装业固定资产投资完成额同比增长 1.8%；化学纤维制造业固定资产投资完成额同比下降 14.1%。

从不同地区来看，我国中部的河南省、安徽省、江西省、湖北省、湖南省分行业投资均呈现正增长的良好态势，是全行业投资增长的区域亮点，其余省份均有不同程度的回落。

（四）运行质效压力加大

纺织企业盈利压力有所增加，运行质量提升难度加大。根据国家统计局数据显示，2019 年，全国 3.5 万家规模以上纺织企业实现营业收入总额 49436.4 亿元，同比下降 1.5%，较 2018 年同期放缓 4.4%；实现利润总额 2251.4 亿元，同比下降 11.7%，较 2018 年同期下降 19.7%；亏损企业亏损总额达 298.8 亿元，同比增加 45.3%。

从分行业来看，化纤行业前期投资增长快，产能提升明显，但受市场需求下滑的影响，其利润总额大幅下降，也拉低了纺织行业利润总额的增长。根据国家统计局数据显示，2019 年，化纤行业利润总额仅为 311.0 亿元，同比下降 19.8%，对全行业利润负向拉动作用明显（见表 5-2）。

表 5-2　2019 年纺织分行业营业收入利润率及资产负债率情况

细分行业	营业收入利润率/%	资产负债率/%
纺织行业	4.6	55.1
棉纺	3.7	57.8
化纤	3.6	58.8
毛纺	1.9	63.1
麻纺	4.8	50.3
丝绸	4.0	56.1
长丝	3.9	64.0
印染	5.7	58.6
针织	4.9	56.2
服装	5.5	49.1
家纺	5.1	51.5
产业用	5.0	48.4
纺机	7.2	56.6

资料来源：国家统计局。

2019 年，行业运行效率有所波动，全国规模以上纺织企业营业收入利润率为 4.6%，低于 2018 年同期 0.5%，企业盈利能力较 2018 年同期有所下降；全国规模以上纺织企业产成品库存周转率为 14.9 次/年，同比下降 1.8%，库存压力较 2018 年有所增加；总资产周转率为 1.2 次/年，与 2018 年同期基本持平；三费比例为 6.9%，较 2018 年同期略有提升，企业管理压力也有所增加。

二、景气指数

2019 年，纺织行业景气度总体处于扩张区间。根据中国纺织工业联合会产业经济研究院测算，2019 年第 4 季度纺织行业景气指数为 55.2，保持在 50 以上的扩张区间，且较前 3 季度有所回升，达到全年景气度最高值。这主要受传统节假日临近、中美经贸摩擦阶段性缓和、出口订单略有好转等因素的影响，使我国纺织企业在第 4 季度运行信心略有回暖。

2013—2019 年我国纺织行业总景气指数走势如图 5-2 所示。

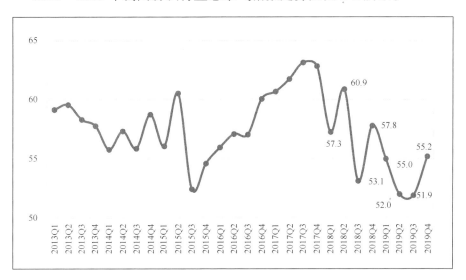

图 5-2　2013—2019 年我国纺织行业总景气指数走势

注：2013 年 Q1 表示 2013 年第 1 季度，2013Q2 表示 2013 年前 2 个季度，依此类推。

资料来源：中国纺织工业联合会产业经济研究院。

我国纺织行业总景气指数及分项景气指数变化情况如图 5-3 所示。从分项指数来看，呈现以下特点：

（一）纺织生产、新订单指数大幅上升

2019 年第 4 季度，受到传统节假日的影响，国内外市场需求转旺，行业生产指数和新订单指数都呈现增长态势。第 4 季度，行业生产指数为 62.1，较第 3 季度上升 4.1%；第 4 季度，新订单指数为 58.2，较第 3

季度上升 6.3%。其中，受中美经贸摩擦出现缓和迹象、中美达成第一阶段贸易协议的利好因素影响，国外订单指数回升至 51.5，较第 3 季度上升 4.2%。

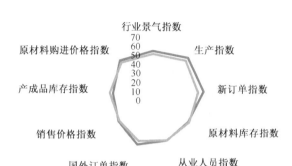

图 5-3 我国纺织行业总景气指数及分项景气指数变化情况

资料来源：中国纺织工业联合会产业经济研究院。

（二）产品销售价格和原材料购进价格同步增长

2019 年第 4 季度,产品销售价格指数和原材料购进价格指数都高于第 2 季度、第 3 季度，但仍低于第 1 季度的指数，未能扭转整体下降的态势。这与国家统计局统计的纺织原材料类生产者购进价格与纺织业、服装业、化纤业生产者出厂价格全年增速下滑的趋势一致。

据测算，2019 年第 4 季度我国纺织行业原材料购进价格指数为 58.2，较第 3 季度上升 3.0%；同期，产品销售价格指数为 45.0，较第 3 季度上升 1.1%，但都低于第 1 季度的指数。另据国家统计局数据显示，2019 年，工业生产者纺织业、化纤业出厂价格同比分别下降 0.6%、6.1%；服装业同比增长 0.6%；纺织原料类工业生产者购进价格同比下降 0.7%；增速均比前 3 季度有所下降。

（三）原材料库存与产成品库存指数均有所下降

2019 年第 4 季度，我国纺织行业原材料库存指数为 46.4，比第 3 季度略降 1.1%。产成品库存指数为 46.2，比第 3 季度下降 3.8%。可见，虽有销售回暖和国际经贸摩擦放缓的利好因素，我国纺织企业仍对未来生产保持谨慎的心态，备货仍不积极；而随着销售加快，库存压力略有减少，生产企业的产品库存继续下降。

（四）市场需求不足是影响企业生产经营的主要问题

市场需求不足是纺织企业生产经营中遇到的主要问题，尤其是国际市场需求不足更是企业关注的重点。随着中美经贸摩擦的持续，企业对国际市场的关注度不断上升。2019 年第 4 季度，据纺织行业协会调查显示，国际市场需求不足是影响企业经营第一问题的企业占比为 29.1%，比第 3 季度占比提升 1.9%。

三、消费升级

近年来，我国居民消费保持着平稳增长，特别是消费升级持续加快，新兴消费热点不断涌现，消费已成为我国经济稳定运行的"压舱石"。与此同时，消费升级也为我国纺织服装行业的发展提供了强大的市场支撑，成为促进我国纺织服装产业实现高质量发展的重要驱动因素。

在需求侧层面，消费升级体现为消费者对商品的需求由数量转变为品质，由吃饱穿暖转为追求吃得营养、穿得时尚、住得舒适、行得便捷。在供给侧层面，消费升级体现为企业积极分析消费需求的变化，提供能够符合消费者真实需求的商品和服务，在提升消费者生活质量的同时，自身也在激烈的市场竞争中逐步取得优势。了解消费升级特点、研判消费升级趋势，是我国纺织服装产业深化供给侧结构性改革，切实推动传统产业转型升级，加快模式创新、技术提升、渠道融合、品牌发展、绿色可持续等工作建设的关键。

当前，我国纺织服装市场消费升级主要呈现如下特点：

（一）消费者更加谨慎，理性消费提升

随着经济的发展和消费者素质的提高，消费者的消费理念逐渐调整，从拥有更多到拥有更好，从功能满足到情感满足，从实现物理价值到满足心理价值。冲动型消费、炫耀式消费逐渐淡化，适度消费、理性消费的习惯逐渐养成。

当通过消费名牌商品满足虚荣心、达到炫耀目的的阶段被跨越后，消费者看重的是服装或家居纺织品是否实用，价格和品质是否能令人满意等，并且会选择在商品打折促销时购买，拒绝购买全价商品。当下的消费者正在重新审视自身的消费重点，而且越来越注意反思真正看重的是什么。消费者的这种变化意味着品牌方不能再仅靠"物美价廉"作为卖点，而是需要弄清楚消费者真正重视的价值在何处，包括增加透明度、表现出真实的品牌价值、加大对零售技术的投入、利用产品和体验帮助消费者实现个人目标、提供有竞争力的定价、提高服务效率、注重体验、拥抱共享经济及强调个性化等。

根据唯品会和腾讯新闻联合发布的《中国家庭精明消费报告》显示，一、二线城市消费者正在集体回归理性，对于价格敏感度更高，追求"买得精、买得少、但买得好"。三、四线城市和城镇消费者的消费习惯也从无品牌、杂牌过渡到百货品牌甚至轻奢、大牌，消费需求在向一、二线城市不断靠拢，消费频次由低频转向高频。消费观念不断升级，"消费分层"逐渐明显——在不同消费阶层或者不同价格带的消费者，对自己能够付得起的消费区段的商品，追求更高的品质和性价比。

（二）消费者对国内品牌的关注度不断提升

在我国经济崛起、国民意识提升的推动作用下，国民的爱国主义热潮

被激发，文化认同感持续涌现，越来越多的年轻消费者对国内品牌的信心不断增强。"国潮"相关品牌的关注度持续提升，为国产老品牌提供了新的发展机遇和增值空间。

"国潮"，顾名思义就是中国的潮牌，充满中国风的表达是"国潮"常用的面貌。李宁是第一个登陆国际秀场的中国运动品牌，首次亮相便以中国元素赢得广泛关注，也让我国国民的民族认同感得到迅速提升。通过不断运作国潮系列，李宁走出了由艺术、资本、商品、媒体构成的商业化模式，获得了崭新的品牌形象，也得到了市场的高度认可。根据李宁公司财务年报数据显示，截至 2019 年年底，公司营业收入 138.70 亿元，同比增长 32.0%；净利润 14.99 亿元，涨幅高达 110%。同时，公司净利率提升至 10.8%；经营性现金流为 35.03 亿元，同比增长 109.6%。

从供给侧来看，传统国货品牌在新生转型中找到了新的市场。本土品牌乘着国潮的东风，不断提升自身在产品设计、供应链管理、品牌营销等领域的竞争力，以创新产品设计和贴近消费群体的品牌战略迅速崛起，高调迈入国际市场的同时，也敲开了国内实体商业的大门，越来越多的本土品牌成为实体商业有力的业绩增长点。

从需求侧来看，消费者对国潮的消费习惯从开始的抵触、不敏感，到现在的追逐，"95 后""00 后"消费者成为国潮产品的消费主力。根据《百度国潮骄傲大数据》显示，2009—2019 年，中国品牌的关注度占比由 38% 增长到 70%。

（三）消费者更青睐绿色消费，注重环保理念

绿色消费是以"绿色、自然、和谐、健康"为宗旨，有益于人类健康和社会环境的新型消费方式。越来越多的消费者，希望能够通过自己的行为，推进社会的改革，解决各种社会问题。消费者开始意识到环境恶化已经影响其生活质量和生活方式，要求企业生产并销售有利于环保的绿色产品以减少对环境的伤害。例如，消费者在购物时会考虑该产品品牌形象是

否健康环保，所用原材料是否天然安全，生产过程是否环保等问题。

例如，H&M 推出的"时尚新生系列"牛仔时装产品，标明原料取自旧衣回收纤维。消费者只要将任何品牌的闲置服装、纺织品带到店铺都可以换取八五折优惠券，这一行为深受消费者喜爱。旧衣回收活动的收入全部用于社会活动或者资源回收研究和创新项目中。

在我国，国产品牌波司登首倡"旧衣零抛弃——品牌服装企业旧衣回收活动"，公众捐赠的废旧衣物由专门机构负责分拣，将符合安全卫生标准的衣物进行捐赠，达不到相关标准的衣物将作为研究再生加工技术的原料。之后，越来越多的企业开始关注旧衣回收问题，溢达、鲁泰、雪莲、顺美、依文、嘉曼、凯德晶品等诸多品牌积极参与"旧衣零抛弃"活动，并得到消费者的广泛认可。

（四）消费需求更加细分，定制化需求稳步增长

当前，批量生产的纺织服装产品吸引力在逐渐下降，消费者类别进一步细化，分别从高度、安全性、体重、生理能力、品味、经验等子集来划分消费需求。对于服装产品而言，如何满足特殊尺寸、特殊健康需求、特殊消费习惯等个性化需求越来越受到关注。

个性化需求与定制，正随着消费者对自身认识的加深越来越趋势化。以商家决定审美的时代逐渐成为过去式，在竞争越来越多元化的当下，商家需要做出相应的改变以适应个性化与定制化的消费需求。互联网时代的到来，也促成了个性化定制服务的快捷实现。通过互联网让生产企业、自主品牌、设计师品牌都直接和消费者连接起来，让消费者直接参与生产、设计、研发过程。定制企业不再根据对流行趋势的判断和以往的历史销售数据来组织生产，而是以用户需求为导向实现按单生产。消费者也在购物体验中积极参与，得到了价值感被提升的满足，增强了对产品的认同感。据相关数据资料显示，2018 年我国定制服装需求量为 4.8 亿万套，较 2017 年增长近 9%。在我国，定制服装的市场规模已达千亿元，并逐年稳定增长。

四、存在问题

（一）国内行业投资压力较大

2019 年，我国纺织投资规模有所下降，国内行业投资压力较大。从投资行业结构来看，这主要与化纤行业投资受需求带动回落关联较大，致使纺织全行业呈现投资走低的态势。但综合全行业而言，整体市场需求放缓、投资谨慎度提升、贸易环境紧张、环保监管日趋严格等都是重要影响因素。

近年来，我国环保监管要求更趋严格，污染物排放标准不断提高，使企业的环保投入大幅增加，成本压力巨大，而且排污权管控严格，印染企业基本没有条件扩大生产能力。在东部沿海地区，一些印染产业集聚地甚至禁止印染项目进行环境影响评估（简称"环评"），企业连装备升级改造都无法进行；在中西部大部分地区，也无法给予新建印染企业排污权许可，产业转移无法有效推进。

2019 年以来，中美经贸摩擦加大贸易环境风险，增加了企业对行业前景判断的不确定性，进而导致投资更趋谨慎。根据中国纺织联合会调研了解到的情况显示，为规避贸易环境风险，纺织企业在海外投资的进度有所加快。特别是服装行业，由于对美出口规模较大，一些国际品牌采购商已经开始提前布局，逐步减少我国纺织服装产品的采购比例。纺织行业中一些有境外投资的企业也开始将出口订单更多地转移到海外工厂进行加工出口。

（二）国际市场下行压力加剧

全球经济下行态势及前景恶化更趋明显，中美经贸摩擦加税清单覆盖全部纺织服装产品，行业出口压力明显加剧。国际货币基金组织在 2019 年内 4 次调降全球经济增速，基于制造业势头严重减弱和贸易、地缘的紧张局势，全球经济增速可能进一步大幅放缓；基于走弱的市场需求，世界银行已经下调了全球大宗商品的价格预期。超过 30 个经济体先后宣布降息以应对经济下行压力，货币宽松潮在宽裕流动性的同时也将推高债务风险，新兴经济体的金融脆弱性上升，货币贬值风险增加，企业财务状况及盈利预期均将下调。在总需求放缓的背景下，"一带一路"沿线国家纺织品服装产能及出口缺乏大幅增长基础，不利于我国产业链配套纺织品出口增长。虽然中美第十三轮高级别经贸磋商初步达成"第一阶段"协议，部分涤纶制品在加征关税排除产品清单中，但主要出口产品服装仍然在加税，贸易风险依然存在，行业出口下降的态势很难有明显改善。

（三）新冠肺炎疫情对行业影响较大

进入 2020 年，随着新冠肺炎疫情全球蔓延形势不断发酵，全球人员流动、国际贸易及国际投资等都受到较大影响，部分国家经济增长放缓甚至停滞。根据国际货币基金组织预测，全球经济 2020 年将萎缩 3%，其中发达经济体经济增速将下滑 6.1%，新兴市场及发展中经济体经济增速将下滑 1%。全球需求不足和供给不畅的双重压力短期内难有缓解，全球经济中期增长前景也将面临更大挑战。疫情的蔓延也从需求端、供给端对我国纺织产业链造成多维度影响。

第一，纺织企业生产活动被动推迟，成本显著增加。新冠病毒传染性强、潜伏期长、波及范围广，全国各地为有效抗击疫情采取了严厉的快速停摆生产和生活等经济活动的措施，纺织企业生产活动普遍被动推迟。由于停工、低负荷开工时间延长，纺织企业生产及销售均大幅下滑。但在企业产销停滞的情况下，工人工资、社会保险费用、厂房租金、贷款利息、基础水电费等运营成本仍在持续产生，原料及产成品库存积压占用资金，企业负担沉重，资金周转压力普遍加大。

第二，纺织产业链上下游运转节奏不同步。新冠肺炎疫情暴发之后，对于口罩、医用防护服等抗击疫情的重要物资需求紧迫。纺织重点防疫物资生产企业（熔喷布、口罩、防护服等生产企业）迅速组织返工，加班加点，全力投入抗疫物资生产。除防疫物资生产的关键环节迅速复工外，我国纺织产业链其他环节复工节奏相对较慢且节奏不同步。上游企业普遍规模较大,资金实力较强,生产自动化、数字化水平较高,用工人数少,复工复产速度较快。但纺织产业链中游织造、针织及下游服装、家用纺织品行业,中小企业居多,用工人数相对较多,受到工人短缺、终端需求不足等因素影响,开工相对缓慢。纺织下上游复工节奏不同步,造成产业链循环不畅,上下游联通不足,面临一定的运行风险。

第三,纺织企业订单不足情况较为突出。新冠肺炎疫情持续蔓延,国内经济及就业形势因疫情受到较大冲击,造成国内居民实际收入下降,对可选消费品需求受到明显抑制,纺织服装产品内销受到一定冲击,线下实体店和线上电子商务销售均呈现明显下降态势。而随着疫情在全球的蔓延,国际市场需求形势下滑更为明显。美国、欧洲、日本等传统发达经济体消费市场需求均有持续恶化表现,国际市场进口需求不足。受国内外市场需求下降影响,我国纺织企业面临订单不足问题较为突出。

当然,疫情对相关经济活动的冲击是有限的,疫情过后经济活动必然会出现补偿性恢复。但受到疫情控制情况、相关政策力度和效果等因素影响,经济恢复的速度和修复程度也存在不确定性。当前,我国中央政府和各级地方政府已经出台多项扶持政策,帮助企业逐步缓解经营压力。结合当前各方面的信息来看,虽然疫情对全球经济造成的冲击仍在复杂发展和演变过程中,但我国经济也呈现出恢复改善的势头,经济增长韧性依然存在。我国纺织行业也将随宏观经济修复逐步企稳。

总体来看,我国宏观经济长期向好的基础不会改变,中央经济工作会议提出2020年将做好稳增长、促改革、调结构、惠民生、防风险、保稳定工作,并将完善中小民营企业发展政策环境放在更加重要的位置,将为我国纺织行业进一步推动高质量发展提供有利的政策支持环境。

五、对策建议

为了实现纺织行业平稳健康发展,行业仍需持续推进供给侧结构性改革,优化发展动能,克服下行压力,积极激发内需市场,努力稳定国际市场份额，也需要国家政策适当给予扶持，以确保行业发展总体平稳。

（一）引导和支持企业加快转型升级

一是继续发挥好财政资金的示范和带动作用。继续利用好国家现有财政专项资金，对纺织绿色制造、智能制造、纺织新材料等重点领域的关键技术研发应用给予扶持，充分发挥行业示范和带动作用，着力补齐行业技术短板，有效破解绿色环保瓶颈。改变财政专项过于集中在高性能纤维材料及产业用制成品领域的现状，加大对差别化、功能性通用纤维，传统纺织优质、先进制造技术，高品质、环保染整技术等领域的重点支持与示范，带动量大面广的产业链环节，加快改造升级。支持行业性、区域性公共服务平台升级，推动重点产业集群信息化服务体系建设。

二是加强税收激励。进一步扩大研发费用、品牌宣传费用税前加计扣除比例，提升企业创新与技改投入的积极性。简化企业办理税费减免等优惠政策的手续，确保企业切实享受到政策支持。研究进一步扩大所得税税前抵免项目范围的可行性，如将技改投资、产品开发费用等纳入抵扣范围。

三是强化落实国家对实体经济的融资扶持政策。对于符合资信要求的纺织企业与投资项目给予充分的信贷支持。推动产融合作对接，加强对纺织行业改造提升资金需求及融资现状的调查研究，协调金融、证券等管理机构的资源，加强对制造企业和项目融资风险判断的指导，推动金融机构与重点制造企业对接融资需求等。

（二）持续完善企业发展环境

一是妥善应对经贸摩擦。引导地方政府对本地区受到美国加税影响较大的出口企业适当给予税收返还或优先支持技改升级等方面的财政扶持，缓解企业压力。如果涉税产品范围过大，对就业产生较大影响的，建议研究措施允许相关企业缓交、减额缴纳社会保险，或出台税收返还等措施，对出口企业给予适当扶持，以稳定企业的生产和就业。

二是开拓多元消费市场。深化与"一带一路"沿线国家的双边、多边经济贸易合作，加快自由贸易区建设，畅通对外贸易通道，减少关税负担；扩大内需，尤其是提高产业用纺织品的国内需求；运用好政府采购措施，扶持自主品牌的纺织产品参与采购竞争。完善应急产品政府采购及实物储备和产能储备机制，增加救灾帐篷、防洪抗汛土工模袋等特殊纺织品需求；推动将一次性医用纺织品纳入医疗保险项目；研究对生物质纺织农膜等生态环保农业用纺织品给予应用补贴，鼓励在果蔬、花卉等高价值经济作物的种植中应用。

三是完善印染行业投资监管措施。对印染企业的技术改造项目实施分类管理，企业在不增加产能的前提下进行自动化、智能化改造，应予以环评和备案。环保督查中实施精细化管理，对各地区印染集控区内排放不达标的企业采取停产措施，不对符合排放要求的企业采取强制停产限产措施。

四是进一步优化棉花配额管理。2019年，国家棉花进口配额管理制度做出重大改革，纺织企业可以公平、公开申领配额，对于优化纺织行业原料供给结构、稳定行业生产运行具有十分重要的意义。现行的棉花进口配额管理制度有利于建立行业公平竞争环境，制度改革造成部分企业配额减少也属正常情况。但如考虑"稳出口"的宏观目标，也可以适当增发加工贸易项下的棉花进口配额，由企业按需申领，申领加工贸易配额的企业应当相应地扣减一般贸易配额申领数量。

五是优化国内产业转移环境。建议各级政府部门进一步完善中西部地区政策环境与投资环境，鼓励和引导先进、优质的纺织制造产能优先选择国内产业转移，鼓励纺织企业通过产业区域转移加快技术装备更新升级，更好地化解环境、成本的压力；加强政策协调，针对中西部地区研究更为有力的税收、土地、财政支持及排污指标倾斜等激励措施，增强企业投资积极性；加强政府服务功能，解决基础设施、人才短缺、投资政策不连续等制约产业转移的基础性问题，改善投资环境；支持相关行业性公共服务体系发展，搭建投资对接平台，开展咨询、培训等公共服务，推动纺织行业国内产业转移进程。

⊪ 政策法规篇

Policy and Regulation Article

B.6

2019 年我国出台消费品工业及各细分行业相关政策

贾丹　高卉杰　徐红梅　赵千[1]

摘　要： 为贯彻落实中央经济工作会议精神，顺应居民消费升级大趋势，进一步优化供给，推动重点消费品更新升级，促进形成强大国内市场，更好地满足人民群众对美好生活的需要，2019 年，我国出台了多项消费品相关政策，从优化市场供给、推动信息消费示范城市建设、推动重点消费品更新升级、激发文化和旅游消费潜力等方面持续发力，助推我国消费品工业发展。

---

[1] 贾丹，国家工业信息安全发展研究中心工程师，中国科学院大学硕士，主要研究方向为消费品、中小企业等；高卉杰，国家工业信息安全发展研究中心工程师，北京科技大学博士（后），主要研究方向为消费品、中小企业等；徐红梅，国家工业信息安全发展研究中心高级工程师，西安电子科技大学学士，主要研究方向为电子信息产业等；赵千，国家工业信息安全发展研究中心高级工程师，首都师范大学学士，主要研究方向为科技查新、5G 及物联网等。

消费潜力等方面持续发力，助推我国消费品工业发展。

关键词： 消费品；消费；政策

Abstract： In order to implement the spirit of the Central Economic Work Conference, conform to the general trend of consumer consumption upgrading, further optimize supply, promote the upgrading of key consumer goods, and promote the formation of a strong domestic market, better meet the people's needs for a better life, in 2019, China issued a number of consumer goods related policies, and continued to make efforts to promote the development of China's consumer goods industry in terms of optimizing market supply, promoting the construction of information consumption demonstration cities, promoting the update and upgrading of key consumer goods, stimulating cultural and tourism consumption potential, etc.

Keywords： Consumer Goods; Consumption; Policy

一、2019 年我国出台的消费品工业相关政策

（一）行业分类标准方面

为进一步科学地界定冶金等工贸行业范围，依据《国民经济行业分类》（GB/T 4754—2017），应急管理部重新修订了《冶金有色建材机械轻工纺织烟草商贸行业安全监管分类标准（试行）》（应急厅〔2019〕17 号），并于 2019 年 1 月 31 日印发下达，原《国家安全监管总局办公厅关于印发冶金有色建材机械轻工纺织烟草商贸行业安全监管分类标准（试行）的通知》（安监总厅管四〔2014〕29 号）同时废止。新的分类标准对冶金、

有色、建材、机械、轻工、纺织、烟草、商贸 8 个行业的分类标准做了修订与规范。

（二）产业结构调整方面

根据《国务院关于发布实施〈促进产业结构调整暂行规定〉的决定》（国发〔2005〕40 号），2019 年 10 月 30 日，国家发展和改革委员会修订发布了《产业结构调整指导目录（2019 年本）》（中华人民共和国国家发展和改革委员会令第 29 号）（简称《目录》），自 2020 年 1 月 1 日起施行。《产业结构调整指导目录（2011 年本）（修正）》同时废止。《目录》是引导投资方向、政府管理投资项目，制定实施财税、信贷、土地、进出口等政策的重要依据。《目录》由鼓励、限制和淘汰 3 类组成。不属于以上 3 类，且符合国家有关法律、法规和政策规定的为允许类，允许类不列入《目录》。《目录》共有条目 1477 条，其中鼓励类 821 条、限制类 215 条、淘汰类 441 条，涉及轻工行业条目 32 条、纺织行业条目 13 条、医药行业条目 6 条。本次修订重点有 4 个方面：一是推动制造业高质量发展；二是促进形成强大的国内市场；三是大力破除无效供给；四是提升科学性、规范化水平。

（三）消费升级方面

为贯彻落实中央经济工作会议精神，顺应居民消费升级的大趋势，进一步优化供给，更好地满足人民群众对美好生活的需要，促进形成强大的国内市场,国家发展和改革委员会等十部门于 2019 年 1 月 29 日印发了《进一步优化供给推动消费平稳增长　促进形成强大国内市场的实施方案（2019 年）》（发改综合〔2019〕181 号）。方案要求：持续优化新能源汽车补贴结构，坚持扶优扶强的导向，将更多补贴用于支持综合性能先进的新能源汽车销售，鼓励发展高技术水平新能源汽车；落实新能源货车差别化通行管理政策，鼓励有条件的地方可对购买 3.5 吨及以下货车、1.6

升及以下排量的乘用车，给予适当补贴，带动农村汽车消费；有条件的地方可对消费者交售旧家电并购买新家电产品给予适当的补贴，推动高质量的新产品销售。

根据《国务院关于进一步扩大和升级信息消费持续释放内需潜力的指导意见》（国发〔2017〕40号）要求，为深入开展信息消费示范城市的建设工作，2019年3月18日，工业和信息化部印发《信息消费示范城市建设管理办法（试行）》（工信部信软〔2019〕63号）。从申报条件、申报流程、评价指标、示范管理等方面，对信息消费示范城市创建工作进行规范管理。根据试行办法，信息消费示范城市分为综合型信息消费示范城市和特色型信息消费示范城市两类。

为贯彻落实中央经济工作会议精神和政府工作报告部署，进一步推动重点消费品更新升级，畅通资源循环利用，促进形成强大的国内市场，国家发展和改革委员会同生态环境部、商务部共同研究制定并于2019年6月发布《推动重点消费品更新升级　畅通资源循环利用实施方案（2019—2020年）》（发改产业〔2019〕967号）（简称《方案》）。《方案》聚焦汽车、家电、消费电子产品领域，强调一是要进一步巩固产业升级势头，不断优化市场供给，牢牢把握新一轮产业变革大趋势，大力推动汽车产业电动化、智能化、绿色化，积极发展绿色智能家电，加快推进5G手机商业应用，努力增强新产品供给保障能力；二是要进一步增强市场消费活力，积极推动更新消费，着力破除限制消费的市场壁垒，切实维护消费者的正当权益，综合应用各类政策工具，积极推动汽车、家电、消费电子产品的更新消费；三是要进一步提升消费支撑能力，完善配套使用环境，积极发展二手车经营和汽车金融，健全家电基层营销网络，完善充换电、停车、网络等基础设施，营造便利消费、放心消费的市场环境；四是要进一步畅通资源循环利用，构建绿色产业生态，加强老旧产品报废管理，落实生产者责任，完善回收网络体系，规范梯级利用、回收拆解、资源化利用和无害化处置，壮大回收拆解领域的市场主体实力，畅通全生命周期的资源循环，提高利用效率。

（四）文旅、体育、用品方面

为贯彻落实《中共中央　国务院关于完善促进消费体制机制　进一步激发居民消费潜力的若干意见》，提升文化和旅游消费质量水平，增强居民消费意愿，以高质量文化和旅游供给增强人民群众的获得感、幸福感，经国务院同意，2019 年 8 月 23 日，国务院办公厅印发《国务院办公厅关于进一步激发文化和旅游消费潜力的意见》（国办发〔2019〕41 号）（简称《意见》）。《意见》提出了 9 项主要任务：一是推出消费惠民措施，继续推动国有景区门票降价。各地可结合实际情况，制定实施景区门票减免、景区淡季免费开放、演出门票打折等政策。二是提高消费便捷程度。各地应推动实施移动支付便民示范工程，提高文化和旅游消费场所银行卡使用便捷度，推广移动互联网新兴支付方式。三是提升入境旅游环境，鼓励各地开发一批适应外国游客需求的旅游线路、目的地、旅游演艺及特色商品，完善入境游客移动支付解决方案，提升消费场所多语种服务水平。四是推进消费试点示范。总结推广引导城乡居民扩大文化消费试点工作的经验模式，新确定一批国家文化和旅游消费试点城市。五是着力丰富产品供给，鼓励打造中小型、主题性、特色类的文化和旅游演艺产品，促进演艺、娱乐、动漫、创意设计、网络文化、工艺美术等行业的创新发展，引导文化和旅游场所增加参与式、体验式消费项目，鼓励发展与自驾游、休闲度假相适应的租赁式公寓、汽车租赁等服务。六是推动景区提质扩容，支持各地加大对旅游景区公共服务设施的资金投入，保障景区游览安全，推动景区设施设备更新换代、产品创新和项目升级，加大对管理服务人员的培训力度。七是发展假日和夜间经济，落实带薪休假制度，鼓励单位与职工结合工作安排和个人需要分段灵活安排带薪年休假、错峰休假。八是促进产业融合发展，支持邮轮游艇旅游、非物质文化遗产主题旅游等业态发展，促进文化、旅游与现代技术相互融合，发展基于 5G、超高清、增强现实、虚拟现实、人工智能等技术的新一代沉浸式体验型文化和旅游消费内容。九是加强市场监管执法，加大文化和旅游市场的监管力度，严厉打击违法违规经营行为，加强对文化和旅游市场的安全管理，强化对文化娱乐和旅游设施的质量安全监管。

体育产业在满足人民群众日益增长的美好生活需要方面发挥着不可替代的作用。在新形势下，要以习近平新时代中国特色社会主义思想为指导，强化体育产业要素保障，激发市场活力和消费热情，推动体育产业成为国民经济支柱性产业，积极实施全民健身行动，让经常参加体育锻炼成为一种生活方式。经国务院同意，2019 年 9 月 17 日，国务院办公厅印发《国务院办公厅关于促进全民健身和体育消费推动体育产业高质量发展的意见》（国办发〔2019〕43 号）（简称《意见》）。《意见》提出了 10个方面的政策举措：一是深化"放管服"改革，释放发展潜能。深化全国性单项体育协会改革，制定体育赛事活动办赛指南、参赛指引，推进公共体育场馆改革，推动公共资源向体育赛事活动开放。二是完善产业政策，优化发展环境。落实已有税费政策，完善体育无形资产评估制度，加大金融支持力度。三是促进体育消费，增强发展动力。优化体育消费环境，出台鼓励消费政策，开展促进体育消费试点，实施全民健身行动，探索实行学生运动技能标准达标评定制度。四是建设场地设施，增加要素供给。优化体育产业供地，鼓励利用既有设施改造及合理利用公园绿地、市政用地等建设体育设施，组织实施全民健身提升工程，挖掘学校体育场地设施开放潜力，建立体育场馆安保等级评价制度。五是加强平台支持，壮大市场主体。研究设立由政府出资引导、社会资本参与的中国体育产业投资基金，建设体育产业发展平台，推动体育社会组织发展。六是改善产业结构，丰富产品供给，提升体育服务业比重，支持体育用品制造业创新发展，推动体育赛事职业化，支持校际体育赛事发展，加快发展冰雪产业，大力发展"互联网+体育"。七是优化产业布局，促进协调发展。打造体育产业增长极，差异化发展区域特色体育产业，推动在"一带一路"沿线国家举办马拉松、自行车等系列体育赛事。八是实施"体育+"行动，促进融合发展，推动体医融合，开展运动促进健康指导，鼓励体旅融合，实施体育旅游精品示范工程，加快体教融合，引进专业人员和机构等为学校体育课外训练和竞赛提供指导。九是强化示范引领，打造发展载体，鼓励建设体育服务综合体、运动休闲特色小镇，加强体育产业基地建设与管理，探索体育产业创新试验区建设。十是夯实产业基础，提高服务水平，加强体育产业人才培养，完善体育产业统计体系。

老年用品产业是以老年人为服务对象，提供老年服装服饰、日用辅助产品、养老照护产品、康复训练及健康促进辅具、适老化环境改善等产品的制造业，是老龄产业的重要组成部分。促进老年用品产业发展是新时代积极应对人口老龄化的重要举措，是满足人民群众美好生活需要的必然要求。为引导老年用品产业高质量发展，培育经济新增长点和新动能，工业和信息化部、民政部、国家卫生健康委员会、国家市场监督管理总局、全国老龄工作委员会办公室联合制定印发《关于促进老年用品产业发展的指导意见》（工信部联消费〔2019〕292 号）（简称《指导意见》）。《指导意见》包括总体要求、促进各领域老年用品创新升级、夯实老年用品产业发展基础、加大组织保障实施力度 4 部分内容，提出了总体要求：到 2025 年，老年用品产业总体规模超过 5 万亿元，产业体系基本建立，市场环境持续优化，形成技术、产品、服务和应用协调发展的良好格局；创新能力明显增强，骨干企业研究与实验发展经费支出占主营业务收入比重超过 2%，以企业为主体的技术创新体系进一步健全；供给水平明显提高，产品种类更加丰富，产品质量标准、检验检测、认证认可体系逐步与国际接轨；品牌建设明显加快，重点领域品牌数量增多，区域品牌快速发展，建立适应市场需要的品牌体系；市场环境明显优化，市场监管力度不断加大，政府公共服务能力显著提高，市场竞争秩序和消费环境明显改善。

（五）消费品流通方面

党中央、国务院高度重视发展流通，扩大消费。近年来，各地区、各部门积极落实中央决策部署，取得良好成效，国内市场保持平稳运行。但受国内外多重因素叠加影响，当前流通消费领域仍面临一些瓶颈和短板，特别是传统流通企业创新转型有待加强，商品和生活服务有效供给不足，消费环境需进一步优化，城乡消费潜力尚需挖掘。为推动流通创新发展，优化消费环境，促进商业繁荣，激发国内消费潜力，更好地满足人民群众的消费需求，促进国民经济持续健康发展，经国务院同意，2019 年 8 月 27 日，国务院办公厅印发《国务院办公厅关于加快发展流通促进商业消费的意见》（国办发〔2019〕42 号）。其主要提出以下 20 条意见：一是促进流通新业态新模式发展。顺应商业变革和消费升级趋势，鼓励运用大数据、云计算、移动互联网等现代信息技术，促进商旅文体等跨界融合，形成更多流通新平台、新业态、新模式。二是推动传统流通企业创新转型升级。支持线下经营实体加快新理念、新技术、新设计的改造提升，向场景化、体验式、互动性、综合型消费场所转型。三是改造提升商业步行街。地方政府可结合实际对商业步行街的基础设施、交通设施、信息平台和诚信体系等新建改建项目予以支持，提升品质化、数字化管理服务水平。四是加快连锁便利店发展。深化"放管服"改革，在保障食品安全的前提下，探索进一步优化食品经营许可条件；将智能化、品牌化连锁便利店纳入城市公共服务基础设施体系建设；强化连锁企业总部的管理责任，简化店铺投入使用、营业前消防安全检查，实行告知承诺管理；具备条件的企业从事书报刊发行业务实行"总部审批、单店备案"。五是优化社区便民服务设施。打造"互联网+社区"公共服务平台，新建和改造一批社区生活服务中心，统筹社区教育、文化、医疗、养老、家政、体育等生活服务设施建设，改进社会服务，打造便民消费圈。六是加快发展农村流通体系。改造提升农村流通基础设施，促进形成以乡镇为中心的农村流通服务网络。七是扩大农产品流通。八是拓展出口产品内销渠道。九是满足优质国外商品消费需求。十是释放汽车消费潜力。十一是支持绿色智能商品以旧换新。十二是活跃夜间商业和市场。十三是拓宽假日消费空间。十四是搭建品牌商品营销平台。十五是降低流通企业成本费用。十六是鼓励流通企业研发创新。十七是扩大成品油市场准入。十八是发挥财政资金引导作用。十九是加大金融支持力度。二十是优化市场流通环境。

为了规范缺陷消费品召回工作，保障人体健康和人身、财产安全，根据《消费者权益保护法》等法律、行政法规，国家市场监督管理总局于2019年11月21日发布《消费品召回管理暂行规定》（国家市场监督管理总局令第19号）（简称《规定》），2020年1月1日起施行。《规定》共三十二条，主要对《规定》适用范围、定义、监管体制、生产者及其他经营者义务、召回管理程序及法律责任做出规定。与之前的规范性文件相比，《规定》主要有以下5个特点：一是增加了生产者为安全负责的总原则，重申生产者是消费品召回的第一责任人；二是在实行国家和省级二级监管的基础上，赋予各地更大的自主权；三是取消目录管理，并调整使用产品范围；四是明确生产者和其他经营者的消费品重大事故及危险报告义务；五是明确违规的法律责任，实施召回信用监管。下一步还应制定与消费品召回管理工作相配套的格式文件及程序性工作规范，同时开展面向企业和地方监管部门的宣贯培训工作，强力推动各地加强消费品召回监管工作，构建"总局统一管理，地方分级负责，相关部门协调配合"的工作格局，开创消费品召回管理新局面。《规定》是我国消费品监管的又一次重大制度设计和创新，为加快推进消费品召回立法工作奠定了良好基础。《规定》的实施，将进一步提升消费品安全水平，切实维护社会公共安全和消费者的合法权益。

二、2019 年消费品工业各细分行业主要政策

（一）食品行业

党和国家高度重视食品安全。自 2015 年修订《食品安全法》以来，我国食品安全整体水平得到了显著提高。但是，食品安全工作仍面临诸多困难和挑战，监管实践中一些有效做法也需要总结、上升为法律规范。为进一步细化和落实新修订的《食品安全法》，解决实践中仍存在的问题，

2019 年 10 月 11 日，国务院总理李克强签署国务院令，公布修订后的《中华人民共和国食品安全法实施条例》（中华人民共和国国务院令第 721 号）（简称《条例》）。新修订的《条例》自 2019 年 12 月 1 日起施行。《条例》包括总则、食品安全风险监测和评估、食品安全标准、食品生产经营、食品检验、食品进出口、食品安全事故处置、监督管理、法律责任、附则等 10 章，共 86 个条目。《条例》强调县级以上人民政府应建立统一权威的食品安全监督管理体制，加强食品安全监督管理能力建设。县级以上人民政府食品安全监督管理部门和其他有关部门应当依法履行职责，加强协调配合，做好食品安全监督管理工作。乡镇人民政府和街道办事处应当支持、协助县级人民政府食品安全监督管理部门及其派出机构依法开展食品安全监督管理工作。同时，国家将食品安全知识纳入国民素质教育内容，普及食品安全科学常识和法律知识，提高全社会的食品安全意识。

（二）医药行业

推进国家组织药品集中采购和使用试点是深化医药卫生体制改革的重要举措，试点启动以来，取得了积极的进展和成效。为贯彻落实党中央、国务院决策部署和《国务院办公厅关于印发国家组织药品集中采购和使用试点方案的通知》（国办发〔2019〕2 号）有关要求，扩大国家组织药品集中采购和使用试点区域范围，进一步降低人民群众用药负担，加大改革创新力度，经国务院同意，国家医疗保障局等九部门联合研究制定了《关于国家组织药品集中采购和使用试点扩大区域范围的实施意见》（医保发〔2019〕56 号）（简称《实施意见》），并于 2019 年 9 月 25 日正式印发。《实施意见》包含总体要求、集中采购范围及形式、主要政策措施、加强组织保障 4 部分。《实施意见》明确总的任务目标是解决相关药品在"4+7"试点城市和非试点地区间存在较大价格落差的问题；在全国范围内推广"4+7"试点集中带量采购模式；优化有关政策措施，保障中选药品长期稳定供应。《实施意见》还规定了集中采购的范围及形式：采购规则是通过竞价确定中选企业；允许多家企业中选，每个药品中选企业一般不超过 3 家；在"4+7"试点中选价格之下，允许同一药品不同企业的中选价格存在差异；本轮采购的协议期限设定为 1~3 年。

为了加强药品管理，保证药品质量，保障公众的用药安全和合法权益，保护和促进公众健康，2019 年 8 月 26 日，中华人民共和国第十三届全国人民代表大会常务委员会第十二次会议于 2019 年 8 月 26 日修订通过了《中华人民共和国药品管理法》（中华人民共和国主席令第 31 号），自 2019 年 12 月 1 日起施行。新修订的《中华人民共和国药品管理法》包括总则、药品研制和注册、药品上市许可持有人、药品生产、药品经营、医疗机构药事管理、药品上市后管理、药品价格和广告、药品储备和供应、监督管理、法律责任和附则，共 12 章，155 个条目。强调药品管理应当以人民健康为中心，建立科学、严格的监督管理制度，全面提升药品质量，保障用药安全、有效、可及；国家对药品管理实行药品上市许可持有人制度。药品上市许可持有人应当保证药品安全、有效，对药品的研制、生产、经营、使用全过程依法承担责任；从事药品研制、生产、经营、使用活动，应当遵守法律、法规、标准和规范，保证全过程数据真实、准确、完整和可追溯；设区的市级、县级人民政府承担药品监督管理职责的部门负责本行政区域内的药品监督管理工作；县级以上地方人民政府有关部门在各自的职责范围内负责与药品有关的监督管理工作。

（三）纺织行业

为贯彻落实党中央、国务院关于推进供给侧结构性改革、促进工业稳增长、调结构、增效益和建设制造强国的决策部署，根据《国务院办公厅关于开展消费品工业"三品"专项行动营造良好市场环境的若干意见》（国办发〔2016〕40 号）和《工业和信息化部办公厅关于印发 2018 年消费品工业"三品"专项行动重点工作安排的通知》（工信厅消费〔2018〕35 号）精神，积极引导消费，更好地满足和创造消费需求，不断增强消费拉动经济的基础作用，促进消费品工业迈向中高端，2019 年 11 月 28 日，中国轻工业联合会组织编制并向社会发布关于《升级和创新消费品指南（轻工　第六批）》的公告（中轻联综合〔2019〕376 号），蓝月亮（中国）有限公司生产的至尊生物科技洗衣液等 39 项产品入选升级消费品名单，珠海格力电气股份有限公司生产的格力玫瑰 II 柜机等 27 项产品入选创新消费品名单。公告提出，请入选指南的各生产企业进一步加强科技创新，生产出更多更好的升级和创新产品，满足人民群众日益增长的美好生活需要。

Ⅳ 专 题 篇

Thematic Articles

B.7

消费品工业就业吸纳力大幅下降值得高度关注

高卉杰　贾丹　郜媛莹　王思檬[1]

摘　要： 2019 年，中央经济工作会议将"稳就业"作为"六稳"之首，摆在突出位置，并强调实施就业优先政策。消费品工业作为我国传统优势支柱产业和重要的民生产业，在解决就业问题中发挥着重要作用。当前，在全国工业健康稳定发展的态势下，消费品工业运行基本平稳，工业增加值、利润和出口交货值均实现同比增长，但就业吸纳能力却大幅下降，尤其是轻工和纺织行业，劳动生产率仍有待进一步提高。为此，针对消费品工业潜在富余劳动力，既要充分发挥市场在劳动力资源配置中的决定作用，还要发挥政府的宏观调控职能，加强各方统筹协调，加快实施职业技能

---

[1] 高卉杰，国家工业信息安全发展研究中心工程师，北京科技大学博士（后），主要研究方向为消费品、中小企业等；贾丹，国家工业信息安全发展研究中心工程师，中国科学院大学硕士，主要研究方向为消费品、中小企业等；郜媛莹，国家工业信息安全发展研究中心工程师，对外经济贸易大学博士（后），主要研究方向为中小企业、创新创业、智能制造等；王思檬，国家工业信息安全发展研究中心工程师，北京林业大学硕士，主要研究方向为情报研究与数据分析等。

提升和转岗转业培训，缓解就业结构性矛盾，多渠道创造就业岗位，促进充分就业。

关键词： 消费品；就业；政策措施

Abstract： In 2019, the Central Economic Work Conference put "stable employment" as the first of "six stable" and put it in a prominent position, and stressed the implementation of employment priority policy. As a traditional pillar industry and an important livelihood industry, consumer goods industry plays an important role in solving the employment problem. At present, under the situation of healthy and stable development of national industry, the operation of consumer goods industry is basically stable, and the industrial added value, profit and export delivery value have all achieved year-on-year growth, but the employment absorption capacity has declined significantly, especially in light industry and textile industry, the labor productivity still needs to be further improved. Therefore, in view of the potential surplus labor force in the consumer goods industry, we should not only give full play to the decisive role of the market in the allocation of labor resources, but also give full play to the macro-control function of the government, strengthen the overall coordination of all parties, accelerate the implementation of vocational skills upgrading and job transfer training, ease the structural contradiction of employment, create jobs through multiple channels, and promote full employment.

Keywords： Consumer Goods; Labor; Employment

一、消费品工业就业吸纳能力大幅下降，轻工行业和纺织行业尤为突出

2019 年 8 月，李克强在部分省份稳就业工作座谈会中强调，必须充分认识就业工作的艰巨性和形势的复杂性，把稳就业放在突出位置。消费品工业作为劳动密集、技术密集、知识密集等于一体的综合性行业，在吸收劳动力方面具有独特优势，能够吸收大量不同层次的各类人员。面对错综复杂的国际国内形势，消费品工业运行延续总体平稳、稳中有进的态势，但与此同时，消费品工业就业吸纳能力大幅减弱，主要体现在以下 3 个方面：

一是消费品工业就业人数快速下降。我国消费品工业已经形成了全球最大最完备的产业体系，轻工、纺织行业绝大数指标均已达到甚至领先于世界先进水平。消费品工业作为国民经济支柱产业、重要民生产业的地位更加突出，但在经济高质量发展的同时，要避免新产业、新业态发展的不稳定性所带来的失业风险。据国家统计局数据显示，2013—2018 年间，消费品工业从业人数累计减少 962.1 万人，占全部工业从业人数减少额的 38.4%。其中，轻工、食品、烟草、医药、纺织行业占消费品工业从业人数减少额的比例分别为 35.3%、24.8%、0.6%、1.1%和 38.2%。这表明消费品工业大量潜在的富余劳动力正在快速转出，这一点未来需要妥善面对、正确把握和解决，以实现富余劳动力在行业间的有序转移和重新就业。

表 7-1　消费品工业从业人数　　　　（单位：万人）

行　　业	2018 年	2013 年	2018 年减 2013 年
工业	**11521.5**	**14025.8**	**−2504.3**
消费品工业合计	**3840.6**	**4802.7**	**−962.1**
轻工	**1634.7**	**1974.6**	**−339.9**
皮革、毛皮、羽毛及其制品和制鞋业	318.3	441.9	−123.6
家具制造业	198.4	199.1	−0.7
造纸及纸制品业	171.7	219.8	−48.1

续表

行　　业	2018 年	2013 年	2018 年减 2013 年
文教、工美、体育和娱乐用品制造业	315.0	371.6	−56.6
印刷和记录媒介复制业	159.5	195.1	−35.6
橡胶和塑料制品业	471.8	547.1	−75.3
食品	**854.2**	**1092.9**	**−238.7**
农副食品加工业	426.8	584.1	−157.3
食品制造业	251.8	289.5	−37.7
酒、饮料和精制茶制造业	175.6	219.3	−43.7
烟草	**16.5**	**21.8**	**−5.3**
烟草制品业	16.5	21.8	−5.3
医药	**232.0**	**242.7**	**−10.7**
医药制造业	232.0	242.7	−10.7
纺织	**1103.2**	**1470.7**	**−367.5**
纺织业	471.7	663.7	−192
纺织服装、服饰业	582.2	750.8	−168.6
化学纤维制造业	49.3	56.2	−6.9

资料来源：国家统计局，行业大类（轻工、食品、烟草、医药、纺织）数据为作者根据细分行业数据进行测算得到的。

　　二是细分行业就业吸纳力减弱现象存在显著差异，纺织和轻工行业尤为突出。从消费品工业内部来看，各细分领域从业人数均呈现不同程度的下降，就业形势存在显著差异。尤其是纺织和轻工行业，二者从业人数减少额占消费品工业从业人数减少额的73.5%。2013—2018 年，纺织行业从业人数由 1470.7 万人减少到 1103.2 万人，累计减少 367.5 万人，减幅为 25.0%；其次，轻工行业从业人数由 1974.6 万人减少到 1634.7 万人，累计减少 339.9 万人，减幅为 17.2%；食品行业从业人数由 1092.9 万人减少到 854.2 万人，累计减少 238.7 万人，减幅为 21.8%；烟草行业从业人数减少额相对较少，由 21.8 万人减少到 16.5 万人，累计减少 5.3 万人，减幅为 24.3%。不同细分领域内部由于就业市场的竞争状况、技术水平、行业性质及企业内部结构等方面的差异，行业内部的潜在富余劳动力存在极大差异。

三是轻工和纺织行业劳动生产率亟待提高。2018 年，在全国消费品工业战线深入实施供给侧结构性改革、持续推进"三品"专项行动、促进轻纺工业转型升级的背景下，我国轻工和纺织行业运行总体平稳、稳中有进，工业增加值同比增长分别为 5.2% 和 2.9%，营业收入同比增长分别为 6.3% 和 2.8%，利润同比增长分别为 2.1% 和 8.0%。但轻工和纺织行业的单位劳动产出仍处于较低水平，单位劳动工业增加值分别为 20.1 万元和 12.6 万元，单位劳动营业收入分别为 71.5 万元和 47.4 万元，与全部工业单位劳动工业增加值 26.1 万元和单位劳动营业收入 91.8 万元相比，存在较大差距。因此，轻纺行业内部还有待进一步创造新的就业岗位或加速内部富余劳动力的有效转移，提高劳动生产率。

二、经济形势、产业转型和技术进步对消费品工业就业产生巨大的冲击和挑战

一是错综复杂的经济形势引发消费品工业就业的不确定性。在全球贸易增长的带动下，世界经济整体运行逐步改善，产业结构持续优化，新动能加快成长。然而，发展过程中面临的一些深层次问题也不容忽视，如中美经贸摩擦升级、美国对中国出口全面加征关税，已成为影响国内经济稳定运行的最大不确定性因素。同时，受国内经济转型、过去几年的周期性变化及供给侧结构性改革等的影响，国内消费品工业的就业压力有所上升。

二是产业转型与淘汰落后产能带来就业结构的变化。未来一段时期内，我国仍会面临产业转型升级与淘汰落后产能的问题。在转型升级过程中，落后产能的淘汰不可能一蹴而就，新兴产业在短期内也难以创造出足够多的工作岗位来吸纳过剩的劳动力，学历低、技术单一的工人将可能成为新的失业群体。伴随产业结构转型升级的加快，预计消费品工业未来需要转岗就业的人数将更多。同时随着多元化产业体系的完善，旅游、健康

养老、金融、物流、科技服务等现代服务业将加快发展，依托电商平台、分享经济平台等创业就业新业态不断涌现，将进一步促进消费品工业劳动力的转移。

三是智能制造等新一轮工业革命的迅猛发展，对传统消费品工业企业就业的挤出风险不容忽视。近年来，劳动力成本高涨、产业提质增效、新生代就业要求逐渐提高，以新一代网络信息技术为支撑，智能制造正逐渐融入消费品工业，"机器换人"现象逐渐明显，消费品工业技术含量和劳动生产率明显提高，传统工业对劳动力的需求逐渐减少。随着工业 4.0 时代的到来，消费品工业对智能制造的需求将进一步释放，大量低、中端就业岗位将被替代，释放出受教育程度较低的劳动力。若替代下来的劳动力不能够通过转岗等多种方式及时消纳，智能制造所带来的就业结构失衡问题将更加突出，甚至有可能引发大规模失业，对社会稳定造成一定影响。

四是企业自身经营困难和用工的结构性矛盾导致就业压力加大。在国内要素成本上涨、税费和社保负担较重、环保约束日趋严格等内外部因素叠加作用下，消费品工业亏损企业数和企业亏损额持续增加，尤其是劳动强度大、技术含量低、以手工操作为主的企业实际经营面临较大困难，部分企业甚至面临停工停产，对消费品工业就业将产生巨大的冲击和严峻的挑战。另外，在新生代劳动力整体素质提升和就业需求多元化的形势下，一些企业的薪酬待遇、劳动环境、用工方式、技能匹配性与变化着的劳动力供求格局不相适应，与劳动者的就业愿望、收入预期和职业发展预期不相适应，导致就业结构性矛盾日益突出。

三、凝聚就业工作合力，多渠道促进劳动者充分就业

一是充分发挥市场的决定性作用，加强政府的宏观调控职能。深入贯彻党的十九大精神，按照党中央、国务院的决策部署，充分发挥市场对就业资源配置的决定性作用，更好地发挥政府规划和政策引导作用，加快推进就业优先政策落实落细。强化消费品工业企业的市场主体地位，增强消

费品工业企业吸纳就业的责任意识和主导作用，增强稳岗扩岗能力，努力做到结构调整中职工转岗不下岗；对在压缩过剩产能过程中不裁员、少裁员的企业，确保就业补贴、转岗转业培训经费和减税降费等优惠政策不打折扣地落地见效；继续推进消费品工业企业在岗创业和转岗创业带动就业，支持和鼓励消费品工业企业健康规范的移动电商发展模式，创造和培育就业新增长点，鼓励更多劳动者成为创业者。

二是加强各方统筹协调，凝聚形成促进就业的合力。各级政府、行业协会、各类企业和社会主体要加强对就业工作的统筹协调，明确分工，推动形成各方共识、凝聚稳定和扩大就业的合力。各级政府要坚决贯彻落实中央关于稳就业的决策部署，重点扶持和优先发展就业容量大、投资少、见效快的终端消费品行业，尤其要支持劳动密集型企业和暂时困难的企业渡过难关；各地工业主管部门应加强引导消费品工业企业保持稳定合理的发展，为从业人员的充分再就业奠定基础；各行业协会要充分发挥多向服务和桥梁纽带作用，真正搭建起政府、企业和劳动者之间沟通的平台；各类企业尤其是轻纺企业要抓住"互联网+"新业态下的创业新机遇，深入挖掘就业岗位、引导自主创业，通过新业态实现多元化就业；人力资源服务机构、规范性社会公益组织等提供就业创业服务的社会主体要充分发挥职业中介的作用，有序开展公共就业创业服务活动，为劳动者和用人单位提供更加优质的服务。

三是培育世界级产业集群，多渠道创造就业岗位。把解决就业与消费品工业总体空间布局有机结合起来。大力扶优扶强，从研发、生产、采购、金融等方面，推动各类资源向综合实力强的优势企业集聚，以大型骨干企业为龙头、因地制宜地积极引导轻纺企业开展跨所有制、跨区域资源整合，持续推进产业向中西部转移。发挥领军型企业引领、集聚、支撑作用，以轻纺产业集群为主导，同时带动辅料生产企业集聚，实现轻纺产业与装备制造、航空航天、服务业等产业间的联动发展，在不同区域逐步形成布局合理、互为依托、错位发展、各具特色的新型工业化和世界级先进产业集群，发挥新产业、新业态促进拓展新就业岗位的作用，多渠道创造更多就业岗位，营造稳定就业环境，促进充分就业。

四是加快实施技能提升和转岗转业培训，缓解就业结构性矛盾。加大企业与各类科研院所、职业院校、普通高等学校、职业培训机构联合加强职业技能培训的力度，尤其要深化轻纺校企合作。加强对转岗职工等重点群体的就业援助，鼓励符合条件的龙头企业开展富余劳动力职业技能提升、转岗转业及创业培训，尤其要鼓励和资金支持相关科研院所和行业协会开展针对轻纺智能制造领域紧缺人才的第三方培养和培训工作，为缓解就业结构性矛盾创造条件。

中美经贸摩擦对我国消费品工业的影响

高卉杰　贾丹　张洁雪　冯开瑞[1]

摘　要： 2020 年 1 月 15 日，中美两国签署第一阶段经贸协议，双方谈判取得重大成果，这将有利于中美两国加强经贸领域合作，促进中美经贸关系稳定发展，提升我国外部经济环境稳定性。自美国引发经贸摩擦以来，加征关税逐渐向消费品领域蔓延，尽管我国消费品工业已形成全球产业分工格局和竞争优势，短期内还难以出现颠覆性变化，但经贸摩擦还是直接或间接地对我国消费品工业发展产生了一定的冲击。2019 年，消费品工业下行压力明显增加、投资规模大幅萎缩、从业人数持续下降，外部的不确定性或致亏损面持续扩大，产业链转移风险显著提高。为应对经贸摩擦不确定性的冲击，既要多措并举精准扶持出口型企业对冲贸易战，提振消费品工业企业发展的信心，同时还要积极挖掘内需市场空间，降低国内企业对美国市场的依赖，分散风险。

关键词： 经贸摩擦；消费品；政策建议

---

[1] 高卉杰，国家工业信息安全发展研究中心工程师，北京科技大学博士（后），主要研究方向为消费品、中小企业等；贾丹，国家工业信息安全发展研究中心工程师，中国科学院大学硕士，主要研究方向为消费品、中小企业等；张洁雪，工程师，北京大学硕士，主要研究方向为信息产品开发、知识服务等；冯开瑞，国家工业信息安全发展研究中心工程师，同济大学硕士，主要研究方向为知识组织及知识服务等。

Abstract：On January 15, 2020, China and the United States signed the first phase of economic and trade agreement, and significant achievements were made in the negotiations between China and the United States, which will be conducive to the strengthening of economic and trade cooperation between China and the United States, promoting the stable development of economic and trade relations between China and the United States, and enhancing the stability of china's external economic environment. Since the United States triggered economic and trade frictions, tariffs have gradually spread to the field of consumer goods. Although China's consumer goods industry has formed a global pattern of industrial division and competitive advantage, and it is difficult to have subversive changes in the short term, economic and trade frictions have directly or indirectly impacted the development of China's consumer goods industry. From January to November 2019, the downward pressure on the consumer goods industry increased significantly, the investment scale shrank significantly, the number of employees continued to decline, the external uncertainty or the loss area continued to expand, and the risk of industrial chain transfer significantly increased. In order to cope with the impact of economic and trade friction uncertainty, China should not only take multiple measures to precisely support export-oriented enterprises to hedge trade wars, boost the confidence of consumer goods industrial enterprises in development, but also actively tap the market space for domestic demand, reduce dependence on the US market and disperse risks.

Keywords：Trade Friction; Consumer Goods; Policy Suggestion

中美两国签署第一阶段经贸协议意味着历时两年的经贸摩擦迎来了

重要拐点，双方在关于知识产权、技术转让、食品和农产品、金融服务、扩大贸易等方面达成共识，美方将履行分阶段取消对华产品加征关税的相关承诺，实现关税由升到降的转变，这将有助于稳定我国出口市场，有效提振国内企业、居民的投资和消费信心。

自 2018 年 3 月以来，伴随着经贸摩擦的螺旋式升级，美国对我国输出的商品持续加征关税，规模逐步扩大至 5500 亿美元，基本达到了全覆盖的程度，涉及的消费品类型也逐渐增加，直接或间接地对我国消费品工业的发展产生了一定冲击。

一、经贸磋商期间我国消费品工业发展现状

（一）消费品工业下行压力明显

一是生产增速呈持续下降态势。2019 年，全球经济增长放缓，同时受中美经贸摩擦影响，我国的外部环境更趋复杂严峻，国内经济下行压力加大。与此同时，中美经贸摩擦逐渐向消费品领域蔓延，消费品所占的比例逐步增加，消费品工业下行压力明显。2019 年，从消费品工业大类来看，轻工、食品、烟草、医药、纺织行业工业增加值同比增长分别为 4.8%、4.1%、5.2%、6.6% 和 2.4%，较 2018 年同期均有所回落，分别回落 0.4%、2.4%、0.8%、3.1% 和 0.5%。

二是出口形势越发严峻。消费品工业受国内关键核心技术攻关能力不强、产业融合度不深、供给质量不高等突出问题的制约，其高质量发展受限，出口形势越发严峻。2019 年，轻工、食品、烟草、医药、纺织行业出口交货值同比增长分别为 2.1%、3.3%、3.0%、7.1% 和 -2.5%，较 2018 年同期均有所回落，分别回落 3.5%、2.0%、10.0%、4.2% 和 4.0%。医药行业出口交货值增速降幅略大于其他行业，主要是由于我国医药行业结构调整转型升级进入攻坚期，同时受药品降价、药品集中招标采购等客观因素的影响。

三是消费品工业整体运行质效平稳，而纺织行业效益则明显下滑。面

临复杂严峻的内外环境，工业企业在生产、销售、利润等方面都出现了不同程度的放缓，但消费品工业以强大的韧性和潜力，实现了整体运行的质效平稳。2019 年，规模以上消费品工业企业累计实现营业收入 257666.0 亿元，实现利润总额 17522.9 亿元。其中，轻工、食品、烟草、医药行业营业收入和利润同比增长实现正向增长，营业收入同比增长分别为 1.8%、4.2%、6.1% 和 7.4%，营业利润同比增长分别为 6.5%、7.8%、1.3% 和 5.9%，如表 8-1 所示。而纺织行业外受经贸摩擦影响导致出口乏力，内受成本压顶转型艰难、纺织市场下游需求不火、去库存缓慢等因素影响，总体情况不容乐观，2019 年实现利润总额 2192.8 亿元，同比下降 11.8%，低于 2018 年同期 19.8%，营业收入总额 48619.6 亿元，同比下降 1.4%，低于 2018 年同期 4.2%。

表 8-1 2019 年消费品工业利润和营业收入同比增长

行　　业	利润同比增长/%	营业收入同比增长/%
工业	-3.3	3.8
轻工	**6.5**	**1.8**
皮革、毛皮、羽毛及其制品和制鞋业	-1.9	-1.1
家具制造业	10.8	1.5
造纸及纸制品业	-9.1	-3.0
文教、工美、体育和娱乐用品制造业	9.9	2.0
印刷和记录媒介复制业	4.1	1.6
橡胶和塑料制品业	12.0	2.0
食品	**7.8**	**4.2**
农副食品加工业	3.9	4.0
食品制造业	9.1	4.2
酒、饮料和精制茶制造业	10.2	5.0
烟草	**1.3**	**6.1**
烟草制品业	1.3	6.1
医药	**5.9**	**7.4**
医药制造业	5.9	7.4

续表

行　　业	利润同比增长/%	营业收入同比增长/%
纺织	**-11.8**	**-1.4**
纺织业	-10.9	-1.8
纺织服装、服饰业	-9.8	-3.4
化学纤维制造业	-19.8	4.0

资料来源：国家统计局，行业大类（轻工、食品、烟草、纺织、医药）数据为作者根据细分行业数据进行测算得到的。

（二）投资规模大幅萎缩

受国内外市场步步紧逼，外有经贸摩擦加征关税，内受环境整治限产、减产和去杠杆、去库存、去产能等宏观政策调控的影响，消费品工业固定资产投资完成额增速总体呈现放缓态势，企业投资信心不足，扩大投资意愿总体偏弱。2019 年，酒、饮料和精制茶制造业（6.0%），纺织服装、服饰业（1.8%），医药制造业（8.4%）3 个行业固定资产投资额累计同比增长有所回升，分别较 2018 年同期回升 13.1%、4.4%和 3.3%；其余行业均呈现不同程度的下降。其中，化学纤维制造业固定资产投资额同比累计增长-14.1%，较 2018 年同期下降 43.1%，降幅最大；其次是家具制造业（-0.7%）、造纸及纸制品业（-11.4%）、纺织业（-8.9%），分别较 2018年同期下降 23.9%、16.5%和 14.0%。

二、经贸摩擦对我国消费品工业的影响

（一）外部不确定性或致亏损面持续扩大

2019 年，经贸摩擦带来的不确定性和美联储加息节奏不断变快，对我国乃至全球经济的发展带来诸多挑战和不确定性。受外部环境的影响，加之国内以供给侧结构性改革为核心的结构调整和产业转型，短期来看，我国消费品工业发展持续承压，未来行业亏损面或将持续扩大。从经贸摩擦期间消费品工业亏损情况来看，亏损企业数量依然呈现不断增加的趋势。2019年，轻工、烟草行业亏损企业数分别为10499万家和19万家，同比增长10.8%和26.7%,除这二者亏损企业数同比增长较2018年同期有所下降外，食品、医药、纺织行业亏损企业数同比增长均高于2018年同期，亏损企业数分别为5369万家、1388万家和5763万家，同比增长分别为10.8%、8.4%和26.5%，分别较2018年同期提高5.0%、2.5%和14.6%。

（二）产业链转移趋势需警惕

随着经贸摩擦涉及商品范畴的扩大，国内产业链企业的转移已经难以避免，虽然短期影响并不显著，但长期来看，必将会对全球产业链布局带来一定的影响，需要高度警惕消费品工业产业链整体外迁造成的空心化。在经贸摩擦的漩涡和本土市场环境的双重压迫下，近年来许多大型消费品工业企业已经陆续向土地资源更多、劳动力更廉价的国家转移，如国内知名企业瑞贝卡将子生产线布局至非洲的尼日利亚、加纳等国，华坚集团向埃塞俄比亚扩张业务等。

（三）内需扩大有效缓解了对消费品工业的负面影响

随着国内消费市场的不断拓展，美国对我国加征关税的产品市场可以部分转向内销，通过探索国内消费品需求市场来应对经贸摩擦带来的风险。据全球经济指标数据库显示，2019年，我国消费者消费信心回暖趋势明显，实现社会消费品零售总额411649.0亿元，累计同比增长8.0%；消费者信心指数126.6，较2018年同期提高3.6个指数点；居民消费价格指数102.9，较2018年同期提高0.8个指数点。

三、对策建议

一是建立受中美经贸摩擦影响的重点企业库，精准扶持出口型企业。

依托行业协会等平台，将征税目录内年出口100万美元及年进口200万美元以上的进出口企业纳入重点企业库，定期跟踪服务。出口型企业尤其要把握关税的调整和汇率的变化，组织研究具有可操作性的关税规避方案，减小加征关税冲击。政府或行业协会可组织跨境撮合，加强国内企业之间、国内企业与非美企业之间的交流，为企业寻找其他替代合作伙伴或市场，降低其对美国市场的依赖度。

二是多措并举不断强化国内投资支撑服务，避免产业链对外转移过快。加强政府服务功能，解决基础设施不完善、人才短缺、投资政策不连续等制约产业转移的基础性问题，改善投资环境；加快改善营商环境，切实落实好减费减税优惠政策，加大对企业金融保险支持和企业的品牌建设，提升企业信心，增加投资意愿；合理开展境外投资布局，警惕产业链对外转移风险，同时大力优化中西部地区投资环境，防范国内产业空心化；支持相关行业性公共服务体系发展，搭建投资对接平台，开展咨询、培训等公共服务。

三是加强对受经贸摩擦影响的重点区域、行业和人群就业的动态监测，制定预警机制和救助方案。各地方政府特别是对外出口集中的东部省份，要详细调研本区域涉美市场出口企业的情况，特别关注相关中小企业和劳动密集型制造业等企业的经营和就业状况，专题开展经贸摩擦风险预警培训和应对机制，对于受经贸摩擦影响而导致失业的群体，做好转岗培训、再就业培训、失业生活保障等服务。

四是积极开拓多元消费市场，降低对美国市场的依赖。充分挖掘内需市场空间，关注多领域、多层次、多元化的内需消费升级发展方向；积极开拓内销市场，鼓励发展消费与金融、文化、娱乐等行业融合的新业态，引导和促进教育培训、体育健身、文化消费等精神消费需求的增长和相关产业的发展，促进弹性消费；大力开拓"一带一路""金砖国家"沿线国际市场，持续强化与周边国家间的自贸区建设，发展与欧盟、加拿大、墨西哥等国家和地区的多边贸易关系，加快全球布局的步伐，减少对美国的过分依赖，分散风险。

新冠肺炎对我国消费品工业的影响及对策建议[1]

高卉杰　贾丹　王予正　郭鹏[2]

摘　要： 新冠肺炎疫情由湖北发酵蔓延至全国，中央及地方政府高度重视，迅速发布相关政策，医药、物资、生产等消费品工业相关企业积极响应。由于春节后复工复产推迟，企业成本负担加重，生产增速放缓，同时市场需求下降，消费品工业企业短期内下行压力凸显，但预计中长期影响有限，龙头企业以此危机为契机，或将促进行业加速洗牌。为此，需要建立消费品工业应对突发事件的长效管理机制，精准施策扶持消费品工业共度疫情难关、稳定发展，并实施创新驱动策略，以数字化、智能化加快消费品工业转型升级。

关键词： 新冠肺炎；非典；消费品；对比分析

---

[1] 本文完稿时间为 2020 年 2 月 23 日，本文所提观点仅代表在此时间节点之前的观点，并不代表后期随着疫情发展对消费品工业的影响。

[2] 高卉杰，国家工业信息安全发展研究中心工程师，北京科技大学博士（后），主要研究方向为消费品、中小企业等；贾丹，国家工业信息安全发展研究中心工程师，中国科学院大学硕士，主要研究方向为消费品、中小企业等；王予正，国家工业信息安全发展研究中心工程师，管理学硕士，主要研究方向为中小企业数字化转型、创业创新促进、数字化平台等；郭鹏，国家工业信息安全发展研究中心工程师，主要研究方向为科技信息咨询服务、科技查新服务等。

Abstract：The novel coronavirus pneumonia was fermented from Hubei to the whole country. The central and local governments attached great importance to it and issued relevant policies quickly, pharma ceutical, material production and other consumer goods related industrial enterprises respond positively. Due to the delayed resumption of work after the Spring Festival, because of the heavy cost burden of enterprises, the slowdown of production growth, and the decline of market demand, the downward pressure of consumer goods industrial enterprises is prominent in the short term, but the medium and long term impact is expected to be limited, leading enterprises take this crisis as an opportunity, or will accelerate the industry reshuffle. Therefore, it is necessary to establish a long-term management mechanism for the consumer goods industry to respond to emergencies, make precise measures to support the consumer goods industry to overcome the epidemic situation and achieve stable development, and implement the innovation driven strategy to accelerate the transformation and upgrading of the consumer goods industry with digitization and intelligence.

Keywords：COVID-19; SARS; Consumer Goods Industry; Comparative Analysis

一、新冠肺炎和非典对企业影响的整体对比分析

本次新冠肺炎疫情的病毒本身、传播节奏、居民出行能力及消费水平、经济内部动力及外部环境、信息披露透明度、政策延续性等与非典时期相比都发生了非常大的变化，抗击疫情响应更为迅速。短期来看，此次疫情对 2020 年第 1 季度社会经济、零售、消费、交通、投资等的影响严重程度远高于非典时期，但中长期影响总体可控。

一是从发生的国际背景来看，新冠肺炎疫情对消费品工业企业生产的影响程度大于非典时期的。相比非典时期，新冠肺炎疫情发生的国际背景更为严峻，当前逆全球化主义抬头，中美之间仍存在经贸摩擦。尽管我国制造业 PMI 近期刚出现回暖迹象，但受疫情冲击、企业延后复工及物流网络运转受阻等影响，2020 年 2—3 月消费品工业的生产面临新一轮压力。如不及时采取支持物流与恢复生产的措施，对消费品工业生产的冲击将远超非典时期。

二是从企业春季开工和终端需求的影响来看，新冠肺炎疫情短期对市场的抑制程度更大。相较非典期间，为控制新冠肺炎疫情的蔓延，国家及相关省份均快速出台了延迟复工、重灾区封城封路等防控措施，企业春季开工进程短期内承受了很大压力。在疫情影响下，可选消费品如纺织、服装、烟草等消费需求弱化，若停工停产时间超预期延长，将对现金流短缺的消费品工业企业的经营带来较大的不利影响。

三是从对企业的帮扶角度来看，此次疫情下政府的扶持力度更大、更及时。截至 2020 年 2 月 22 日，中央层面累计发布政策 62 项，各地政府累计发布政策 752 项，覆盖财税、金融、用工支持、减轻企业负担、复工复产、政府采购支持、保障生产经营、加强优化企业服务等方面。

四是从企业的抗风险能力来看，当前应对外部冲击的能力不断增强。我国消费品工业已具备完善的产业体系，抗风险能力相较非典时期已经显著增加。面对全国多地出现防疫物资骤然紧缺的局面，轻工行业、纺织行业尤其是疫情防控物资生产类企业，自春节期间便加快复工复产，生产线 24 小时高效运转，如"三枪"3 天建成流水线，一些家纺、内衣和纸尿裤生产企业也新增或将原生产线改造为口罩、防护服生产线，助力打赢这场疫情防控阻击战。医药行业显示出了超强韧性，如博瑞医药已仿制量产瑞德西韦，若获批上市，将通过捐赠的方式供给相关患者。

二、新冠肺炎疫情对我国消费品工业的影响

（一）短期带来一定冲击，线上消费崛起

一是销售类企业受疫情冲击分化加剧，线下向线上转移明显。随着居民自我隔离、多地交通管制，物流、客流显著受到影响，高度依赖线下消费的企业，受到明显冲击，并在短期增加线上销售的物流阻碍。电商渠道占比较高的企业（如南极电商、太平鸟、水星家纺等）及到家业务发达的企业（如苏宁、永辉等）受影响相对较小。龙头企业则借机快速改变策略，搭建线上线下融合的消费场景，如以往以线下商超、家居卖场等渠道占比较高的家居、烟酒饮料、文具等品类企业，迅速拓宽线上渠道，以短视频、VR 等形式通过微信、抖音、快手等平台储存线上意向客户，通过线上精准营销，为未来门店客流存续流量池；生活用纸企业也快速向电商渠道倾斜，增加京东、天猫等电商仓库库存。

二是制造类企业短期承压，冲击波从下游逐渐向上游传递。从疫情导致的终端需求来看，冲击波向上游生产制造类企业的传导逐渐显现，如纺织业、纺织服装业等制造类企业生产经营压力不仅来自下游需求不足，同时还受供应链上全方位生产要素的影响，如复工延迟导致劳动力不足，供应链掌控不足导致生产资料供应不足，业务和成本导致的资金链问题，生产经营的技术服务、物流、交通、后勤、培训、广告等外围服务缺乏等，而且疫情防控时间越长，工业复产越艰难，对上游企业的打击越大。另外，还需警惕上游供给长期收缩，带来下游产业的被动收缩风险。

三是中小企业受影响突出，轻工行业尤为明显。消费品工业企业大多数是中小企业，尤其是轻工行业中 98% 的均为中小企业。当前消费减少及人员流动管控，一些企业不开工，但人员成本、房租等依然很高，对中小企业影响较大，部分企业甚至会出现生存问题。中国轻工业联合会发布的信息显示，家具（尤其是定制家具）、造纸、包装、皮革等中小企业短期都受到较大影响，家具行业传统的"3.15 促销"也受到冲击。由于全球防

范疫情，部分国家减少客运往来，对中小企业国际贸易及投资等都产生了不利影响，塑料、皮革制鞋、玩具、陶瓷等传统出口优势行业也受到较大影响。

四是医药行业受疫情冲击相对较小，细分子行业影响不一。面对口罩、消杀制品、诊疗设备等需求的短期爆发，医疗耗材、医用诊疗设备类企业在疫情持续过程中保持了较高的景气度，尤其是自动化水平高、具备多种医用防护产品转化能力的龙头企业。医药流通行业，龙头企业短期内迎来业绩增长机会。非疫情防控必需的制药企业，受企业复工时间、员工到岗时间、上下游企业生产恢复情况、销售推广受阻等因素影响，短期业绩受不利影响较大，但考虑疫情消除后的弥补措施，不利影响长期可控。医药零售业，疫情有望促使知名连锁药店获得较高的业绩增长，医药电商零售平台迎来发展机遇。

（二）中长期影响有限，或加速行业洗牌

一是疫情过后预计需求将集中释放，消费品工业中长期仍趋于稳健增长。疫情解除后，短期受抑制的市场需求不会消失，或将集中释放，由复工复产迟滞所积累的工业生产将快速回升，产品库存迅速增加，消费、供给与投资加快增长，带动经济回升。预计第 2、3 季度消费品工业将不断回暖，中长期走势仍将受自身经济周期及结构变化的影响，保持稳健运行的态势。

二是不改行业转型升级趋势，或将加速行业洗牌。全国各地延迟复工，最直接的影响就是大量劳动工人无法按期返岗，这对企业的迅速反应能力和柔性生产能力提出了更高的要求，激励企业更加积极地思考数字化、智能化改造，推进柔性自动化生产线的应用和物流供应链的智能化，构建智能工厂，减少对人工的依赖。加快转型升级，已成为行业高质量持续发展的大趋势，具备全球产能布局的龙头企业可借机抢占更多市场份额，有望提升市场占有率，加速行业洗牌。

（三）警惕不确定背景下未来面临的风险挑战

若疫情进一步恶化，得到有效控制的时间长于市场预期，企业的不确定性风险将持续发生。一是随着陆续恢复生产，警惕企业内部爆发大规模人员感染严重影响生产经营的风险；二是许多国家采取出入境管制，对外贸易、投资、交流受阻，企业国际市场及贸易存在潜在风险，长远看会影响消费品工业在全球供应链上的信誉，甚至会影响我国消费品工业的综合实力和全球竞争力；三是叠加经贸摩擦的不确定性，有可能导致国内外消费市场需求萎缩，对上游生产类企业带来冲击。

三、政策建议

（一）建立消费品工业应对突发事件长效管理机制，提升防治管理水平

针对此次疫情，中央高度重视，已于 2020 年 2 月 14 日提出完善重大疫情防控体制机制，健全国家公共卫生应急管理体系，包括 15 个体系、9 项机制、4 项制度。消费品工业相关管理部门应以此为鉴，针对此次疫情暴露出来的短板和不足，抓紧补短板、堵漏洞、强弱项，从以下 3 个方面着手夯实行业基础，增强内生动力：一是强化消费品工业企业风险意识，建立重大风险研判、评估、决策、防控协同机制等；二是充分利用应急物资储备体系，加大国内需求带动消费品市场快速回暖；三是鼓励消费品工业企业建立突发事件防控举措，如重大疫情应急响应机制、集中生产调度机制、应急储备机制等。

（二）精准施策扶持消费品工业战胜疫情、稳定发展

一是引导消费品工业企业运用新一代信息技术对疫情开展科学精准的防控。二是在保障安全、满足防疫要求的前提下，建立次第复工复产区

域、城市、行业名录，根据不同地区疫情程度有序地组织有条件的地区和行业尽快复工复产，并对全产业链上的相关企业予以生产保障。三是帮助企业快速定位上游供应商，提升生产要素全面供应效率，基于工业互联网的资源调度功能，打通产业链上下游企业，提升消费品工业企业供应链的协同与管理能力，解决企业短时期内原材料供应紧张的问题。四是针对地方政府已出台的关于中小企业财政支持、金融支持、税费减免和补贴、优化服务、保障生产经营等方面的政策，选择含金量较高的政策，针对消费品工业企业在全国范围内加快落实。五是帮助企业销售从线下走向线上，精准对接客户，积极应用工业互联网平台、电商平台，打通用户需求和制造企业生产，为企业寻找订单、拓展国内外市场，解决需求疲软问题。

（三）实施创新驱动，以数字化、智能化加快消费品工业转型升级

一是推进消费品工业企业数字化、智能化转型，加速推动企业开展设备联网、系统集成等数字化改造，鼓励引导重点工业设备和业务系统上云、上平台，加快工业互联网创新应用和推广普及，全面提升企业数字化管理水平和智能化生产能力。二是推动消费品工业企业与信息技术企业合作，推广协同研发、无人生产、远程运营、在线服务等新模式、新业态。三是注重发挥大型平台企业和行业龙头企业的作用，通过工业互联网平台、云制造平台等保障畅通产业链、供应链，做好生产协同和风险预警。

我国纺织工业产业转移现状及发展趋势

贾丹　高卉杰　冯华[1]

摘　要： 我国高度重视纺织工业产业转移，经过多年的发展，我国纺织工业产业转移成效显著，特点鲜明，也涌现了一批典型的纺织工业产业转移成功的案例。当前，我国纺织工业产业转移以多种区域合作的形式共同推进，以园区模式为主要承载，同时也在精准扶贫、乡村振兴和城乡融合发展中发挥着重要作用。面对新形势、新要求，我国纺织工业还应加强多层次的人力资源保障、充分发挥好行业协会的作用、持续深化各区域之间的产业协作，助推纺织工业产业转移向纵深发展。

关键词： 纺织工业；产业转移；典型案例

Abstract： China attaches great importance to the industrial transfer of textile industry. After years of development, the transfer of textile industry in China has achieved remarkable results with distinct characteristics, and a number of typical successful cases of textile industry transfer have emerged. At present, the transfer of China's textile industry is

---

[1] 贾丹，国家工业信息安全发展研究中心工程师，中国科学院大学硕士，主要研究方向为消费品、中小企业等；高卉杰，国家工业信息安全发展研究中心工程师，北京科技大学博士（后），主要研究方向为消费品、中小企业等；冯华，国家工业信息安全发展研究中心高级工程师，西北大学硕士，主要研究方向为信息资源建设、情报服务与产品开发等。

promoted in various forms of regional cooperation, with the park mode as the main carrier, and also plays an important role in targeted poverty alleviation, rural revitalization and urban-rural integration development. Facing the new situation and new requirements, China's textile industry should also strengthen multi-level human resources protection, give full play to the role of industry associations, continue to deepen industrial cooperation between regions, and promote the transfer of the textile industry to in-depth development.

Keywords：Textile Industry; Industrial Transfer; Typical Cases

纺织工业是我国国民经济的传统支柱产业和重要的民生产业，也是国际竞争优势明显的产业。国家高度重视纺织产业转移，从党中央和国务院发布的《纺织工业调整和振兴规划》到工业和信息化部发布的《关于推进纺织产业转移的指导意见》，再到工业和信息化部修订的《产业发展与转移指导目录（2018 年本）》，均在推动纺织产业结构调整，优化产业布局上精准发力。虽然纺织产业正逐步向东南亚地区迁移，但面临国内如此巨大的需求市场，纺织产业的转移目前仍旧是国内、国外齐头并进的态势。经过多年的发展，我国纺织工业产业转移成效显著，在产业对接、园区共建、科技创新、干部培训和人才交流等方面均取得了显著成效，政府牵头、社会力量广泛参与的多元化、多层次、宽领域合作体系日渐完善。

一、我国纺织工业产业转移现状

（一）多种区域合作形式共同推进

一是东部沿海地区纺织工业向中西部地区持续转移，特别是向那些发展基础较好、劳动力资源丰富、要素成本较低等承接优势相对明显的省份和地区转移；二是省内产业转移，如苏南地区向苏北地区转移，珠三角地区向东西两翼和粤北地区转移，这种形式也往往成为企业转移产能的首选；三是国际转移近年来呈现加速态势，纺织产业既有向东南亚、南亚、中亚及非洲等地区进行产能转移的，也有在欧洲、美国、日本等发达国家和地区，通过并购和投资来掌控纺织产业链两端的原料、设计研发、品牌和市场渠道资源等方式进行的。

（二）以园区模式在国内转移纺织产业

在沿海城市产业结构调整、中西部地区投资环境改善的背景下，工业和信息化部联合中国纺织工业联合会构建全国纺织产业转移试点园区，旨在整合资源优势，引导纺织产业有序转移，实现地区产业结构调整和升级。截至 2018 年年底，我国已有 36 个全国纺织产业转移试点园区，其中，除江苏地区有 2 个以外，其余全部分布在中西部地区。以劳动密集型为特点的纺织产业从沿海地区向中西部地区转移的趋势，预示着纺织产业结构调整力度不断深化。随着我国纺织产业战略格局的调整，很多中西部地区都将承接纺织产业转移作为发展地方经济的重要途径，纷纷建设纺织服装产业园区，加大招商引资力度。

（三）在精准扶贫、乡村振兴和城乡融合发展中发挥了重要作用

纺织工业作为"产业扶贫"的主要产业之一，通过产业在贫困地区落地生根发展，各地在实践中探索和发展出"园区+卫星工厂""村镇园区""巧媳妇工程"等形式，把就业岗位送到了家门口，助力脱贫攻坚。纺织产业是吸纳贫困人口就业、实现稳定增收的重要力量，部分在东部地区打工的人员，抓住家乡产业发展机遇，回乡创业，实现了"打工经济"向"创业经济"的转变，产业扶贫变"输血式扶贫"为"造血式扶贫"。

二、我国纺织工业产业转移典型案例

（一）政策指引龙头企业在新疆投资，构筑新疆纺织服装产业竞争新优势

2015 年 1 月，国务院办公厅《关于支持新疆纺织服装产业发展促进就业的指导意见》政策实施以来，大批纺织服装龙头骨干企业在新疆投资，新疆纺织产业技术装备水平得到较大提升，园区等基础设施条件大大改善，为新疆社会稳定和长治久安做出了重要贡献。近年来，新疆纺织服装企业通过引进先进设备，实现精细化管理，使产品质量不断提升。随着"一带一路"建设的深入推进，粘胶纤维、高档棉纱、服装、地毯等产品不断出口到中亚和欧洲国家。2019 年，新疆维吾尔自治区工业和信息化厅用足用好纺织服装产业发展的优惠政策，对纺织服装企业给予产品出疆运费、电费等补贴，重点支持织布及解决就业效果明显的服装、家纺、针织、地毯和刺绣等产业。引导纺织服装产业向南疆四地州聚集，推动纺织服装产业新增就业 9.5 万人。

（二）充分利用自身优势，找准扶贫结合点，四川屏山建设纺织产业扶贫示范园

四川省宜宾市屏山县是国家扶贫工作重点县，该县在东西部扶贫协作中找准结合点，主动对接浙江省嘉兴市海盐县，充分利用屏山县的资源优势和海盐县的企业资本优势，探索共建浙川纺织产业扶贫协作示范园，实现了示范园从无到有、由小变大、大中做强、强上向优的飞跃转变，培育了县域经济发展新引擎。截至 2019 年 8 月 29 日，示范园发展取得了突破性成效，已签约落户企业 20 家，签约总投资额达 102.8 亿元，发展态势强劲，预计到 2025 年，示范园总产值将超 400 亿元，就业人数达 3 万人。

（三）引导在外务工人员返乡创业，江西于都切实解决好返乡就业创业人员的实际问题

江西省于都县长期在外务工人员逾 40 万人，其中从事纺织服饰行业的逾 20 万人。2017 年，于都县明确将纺织服装产业定位为首位产业来谋划和发展，着力打造"一园三区"，提升园区平台承载力和集聚力，切实解决好返乡就业创业人员的工作生活环境、就医、子女就学等一系列实际问题。为更好地服务企业，于都县优化服务机制，设立"企业服务中心"，提出"店小二"理念，同时斥资 5 亿多元建设于都服装学校，为企业提供人才"点单式"服务，实现企业与人才的无缝对接。于都县还积极承接沿海服装产业转移，组建 39 支产业招商队，明确人员、经费和招商区域，精准对接沿海服装优质企业，2019 年 10 月前共签约纺织服装类项目 155个，签约金额 259.32 亿元。截至 2019 年 10 月，于都县拥有纺织服装企业 2200 余家，其中规模以上企业 65 家，纺织服装从业人员 30 万人，纺织服装全产业链产值突破 400 亿元。

（四）充分发挥优质企业的龙头带动作用，宝联勇久带动辽宁朝阳产业发展

近年来，产业用纺织品已成为辽宁省行业发展的新增长点。作为朝阳市的服装龙头企业，宝联勇久充分发挥龙头企业的带动作用。公司目前拥有上海市和北京市两地贸易中心，辽宁省朝阳市一个生产基地、一个物流配送中心，具有先进的生产流水线 65 条、服装加工设备 3000 余台，每年投入产品研发和技术创新经费 1300 多万元。宝联勇久充分利用服装产业自身特点，在朝阳市探索总结出适用于扶贫和乡村振兴的"龙城模式朝阳经验"，即"政府支持+龙头企业带动+农村合作社+贫困户"的工业化产业扶贫模式，走出了一条党建引领、产业扶贫、治本脱贫，集体增收的新路子。截至 2019 年 6 月，宝联勇久已经建设 47 家助力扶贫的村镇工厂，安置就业及辅助就业近 1700 人，培训贫困人口 1500 多人次，人均年收入3 万余元，拉动贫困人口脱贫近 600 人。

三、未来发展

目前，纺织行业进入了全面推进高质量发展的新时代。尽管当前外部环境复杂多变，但我国发展仍处于并将长期处于重要战略机遇期的基本格局没有变，纺织行业的发展韧劲和创新能力持续增强，面对新的形势和要求，纺织行业区域协调发展需要新的发展理念和发展思路。

（一）加强多层次的人力资源保障

一是以农村转移劳动力、"两后生"（初、高中毕业后未能继续升学的贫困家庭富余劳动力）等劳动力资源为重点，加强劳动预备培训、就业技能培训，把人力资源的数量优势转化为促进产业发展需要的人才优势；二是加强纺织服装企业技能型人才、中高级专业技术和管理人员的培养和引进；三是搭建中西部地区与东部优秀企业及经营管理人员交流的平台，发挥行业、龙头企业和培训机构的作用，大力开展多种形式的"双创"活动，打造更宽更扎实的就业平台。

（二）持续深化各区域之间的产业协作

一是把东部、中部、西部和东北地区四大板块产业布局与国家"一带一路"、京津冀、长江经济带、大湾区建设等重大区域战略结合，以发挥地区比较优势为基础，合理引导不同区域板块间的产业协同，提升产业发展层级；二是进一步深化各区域之间的产业协作，建立更加有效的区域协调新机制，增强区域发展的协调性、联动性、整体性，推进产业转移合作；三是发挥好地区间的对口合作和支援作用，实施产业精准扶贫，加大产业对革命老区、民族地区、边疆地区、贫困地区的支持力度。

（三）充分发挥好行业协会作用，为企业和政府部门提供有力支撑

　　一是发挥行业智库作用，针对纺织行业在产业转移中的难点和热点问题及趋势性、规律性问题，深入开展调查研究，及时反映行业诉求，提出对策建议；二是利用行业协会的资源和渠道优势，开展区域纺织服装产业对接合作等方面的活动，创新服务手段和模式，促进产业转移工作取得更大的成效；三是构建和完善专业化、高水平、有实效的公共服务平台，着重面向中小企业，提供政策、信息、培训、技术、宣传推广等公共服务。

我国消费品工业智能制造现状与启示

高卉杰　贾丹　郎宇洁[1]

摘　要： 当前，云计算、大数据和人工智能等新一代信息技术的发展成为我国传统消费品工业智能制造发展的重要驱动力。随着全国范围内智能制造产业园的大量涌现，我国消费品工业智能制造迎来了新的发展契机，"智造要素→智造能力→智能制造系统"已成为我国传统消费品工业智能化发展的必由之路。例如，华茂集团的智能工厂、酷特智能全程数字化和智能化制造为我国传统制造业转型升级提供了有益的借鉴。未来，我国传统消费品工业转型升级需要注重供给侧与需求侧协同升级，创新产业业态与运营模式，通过技术创新打造企业核心竞争力。

关键词： 消费品工业；智能制造；现状；启示

Abstract： At present, the development of next-generation information technologies such as cloud computing, big data and artificial intelligence has become an important driving force for the development of intelligent manufacturing of traditional consumer goods industry in

---

[1] 高卉杰，国家工业信息安全发展研究中心工程师，北京科技大学博士（后），主要研究方向为消费品、中小企业等；贾丹，国家工业信息安全发展研究中心工程师，中国科学院大学硕士，主要研究方向为消费品、中小企业等；郎宇洁，国家工业信息安全发展研究中心工程师，北京大学硕士，主要研究方向为知识服务、人工智能、工业互联网等。

China. With the emergence of a large number of intelligent manufacturing industrial parks, the intelligent manufacturing of consumer goods industry in china has ushered in new development opportunity. "Intelligent manufacturing elements intelligent manufacturing capabilities intelligent manufacturing systems" has become the only way for the intelligent development of traditional consumer goods industry. For example, the smart factory of HUAMAO and the whole process of digital and intelligent manufacturing of KUT intelligence provide beneficial reference for the transformation and upgrading of traditional manufacturing industry. In the future, the transformation and upgrading of China's traditional consumer goods industry needs to focus on the coordinated upgrade of the supply side and the demand side, innovate industrial formats and operating models, and create core competitiveness of enterprises through technological innovation.

Keywords：Consumer Goods Industry; Intelligent Manufacturing; Current Situation; Revelation

消费品工业在我国经济社会发展中扮演着举足轻重的角色，其可持续发展关乎国计民生。随着供给侧结构性改革和"三品"战略的深入实施，当前我国消费品工业正处于转型升级期，即由中低端制造向中高端制造迈进的时期。近年来，全球经济一体化的发展趋势使得科学技术迅速发展，互联网和信息化成为当今世界的主题，高新产业层出不穷。随着 5G、人工智能、大数据、互联网的深度融合，我国消费品工业着力提高发展质量和效益，瞄准数字化、智能制造持续发力，加速推动传统制造业转型升级。

一、消费品工业智能制造现状

一是智能制造迎来发展契机，全国范围内涌现出大量智能制造产业园。近年来，我国的经济发展已由高速增长阶段逐步转入高质量发展阶段，政府更加关注优化经济结构、转换增长动力。消费品工业是供给侧结构性改革的主要领域，尽管消费品工业增加值在全国 GDP 总量中的比重呈下降态势，但以消费品工业为代表的实体经济仍是中国经济高质量发展的核心支撑力量。近几年，我国消费品工业向智能制造、数字化转型的步伐加快，智能制造产业园区也如雨后春笋般接连涌现，智能制造发展持续向好。前瞻产业研究院发布的《智能制造行业市场前瞻与投资战略规划分析报告》显示，我国智能制造企业普遍分布在一线城市，广东省以绝对优势领跑市场。根据《世界智能制造中心发展趋势报告（2019）》显示，目前我国带有"智能制造"名称的产业园区共有 537 个，分布在全国 27 个省份，大部分集中在全国经济最为发达的长三角地区、珠三角地区、中部地区、环渤海地区和西南地区五大区域。

二是云计算、大数据和人工智能等新一代信息技术的发展成为我国传统消费品工业智能制造发展的重要驱动力。劳动密集型的传统消费品工业企业生产效率低下，成本也不占优势，已经大大落后于时代发展的步伐。技术上，信息化时代的发展推动了云计算、大数据和人工智能等新一代信息技术的进步。在政府政策引导和科学技术发展的双重推动下，新一代信息技术正在逐步融入传统消费品工业企业，推动企业逐步向数字化、智能化转型优化。新一代信息技术在传统消费品工业制造企业的应用，可以改变原有的劳动密集型生产模式，创造出新型生产模式。智能化发展使得大量智能化机器参与到企业的生产过程中，从而减少人力资源消耗，解放生产力，节约劳动成本，大大提高生产效率。同时，物联网的应用也让设备的运行状态能够得到实时反馈，并对生产中的异常设备进行及时处理，减少事故发生率，间接提高生产效率。此外，大数据对我国消费品工业智能制造的发展也至关重要，据《世界智能制造中心发展趋势报告（2019）》

显示，大数据产业园成为近年来数量最多的产业园类别，达到 111 个，占比为 20.7%。

三是"智造要素→智造能力→智能制造系统"是我国传统消费品工业智能化发展的必由之路。传统消费品工业企业智能化不存在"放之四海而皆准"的普适路径。实现智能化必须从自身的核心痛点出发，在合理且有延续性的整体规划与顶层设计的基础上，沿着"智造要素→智造能力→智能制造系统"的发展方向，分阶段且持续性地获取智造要素，建立、完善、扩展企业在研发设计、生产制造、物流仓储、订单获取、产品服务等各环节的"智造能力"，最终形成完整、高效、科学的智能制造系统。例如，数字化设计阶段包括产品设计、工艺设计、工艺优化、样品制造、检测检验等一系列过程，通过数字化可以缩短研发周期、降低研发成本、及时准确地对接制造环节；智能制造单元通过模块化、集成化、一体化的方式提升设备的使用率，带动企业加快生产节奏，增加产出与效益；生产全过程数字化通过将人员、生产用具、原材料、操作方法、生产环境等层面的数据连接、融合并形成一个完整的闭环系统，从而打通数据，进行整合优化，实现互联互通和降本增效；智能物流仓储系统让一切物理实体流动起来，节省空间、时间与人力资源；大规模定制平台打造向大规模定制转型的入口，提升品牌价值与用户黏性；产品远程运维服务以智能化服务拓展商业模式，推动价值链向后延伸。

二、消费品工业智能制造典型案例

（一）华茂集团：加快推进智能制造，打造行业新标杆

安徽华茂集团有限公司（简称"华茂集团"）始建于 1958 年，是拥有棉花、纺纱、织造、染整、无纺布、服装等纺织产业链的大型企业集团。近年来，华茂集团坚持走创新之路，通过持续的技术改造，积极推动棉纺制造智能转型升级。华茂集团将 10 万锭纺纱生产线升级改造为

15万锭棉纺智能化生产线，建成了国际先进、目前全球单体规模最大的棉纺智能工厂。

华茂集团通过使用智能化纺纱设备，采用紧密纺、重聚纺和柔洁纺等新型纺纱技术，联合国内知名软件供应商，共同开发纺织综合管理信息系统，实现全流程产品质量的在线监控，客户可远程在线实时监控订单的生产详情，进行智能配棉质量预测、智能调整柔性生产。该举措使得生产效率提高了50%以上，且生产成本大幅下降，能源利用更加高效，产品质量提档升级，传统工厂已经旧貌换新颜，传统产业正在焕发新活力。华茂集团新型纺纱智能工厂的建设，为纺织行业实现从"产品制造"向"产品智造"的转型升级，提供了有益借鉴。

（二）酷特智能：C2M 模式助力传统企业转型升级

青岛酷特智能股份有限公司（简称"酷特智能"）成立于2007年，是一家典型的西装生产制造企业。近年来，酷特智能利用移动互联技术，注重"互联网+工业"的转型，并由注重生产转向注重消费，满足消费者个性化定制的需求，形成了"大规模个性化定制"的智能制造模式，实现了利用大数据驱动标准化生产线制造个性化产品，打破了传统的"生产—库存—销售"模式，转向以销定产，完成了制造业企业利用技术变革的转型，形成了独特的核心价值，产生了良好的社会和经济效益。目前，酷特智能正在跨界帮助全国多个行业的近百家企业进行转型升级的咨询、辅导和改造，接待了来自美国、德国、法国、意大利、日本、韩国、泰国及中国的企业的数万人次参观学习。酷特智能被工业和信息化部、中国互联网协会指定为工业大数据与智能制造的学习、培训基地。

酷特智能的模式主要体现在以下几个方面：一是数据驱动智能工厂建设和产业链协同。以数据为生产驱动，网络设计、下单，定制数据传输全部数字化，多个生产单元和上下游企业通过信息系统传递和共享数据，实现整个产业链的协同生产；二是用工业化的效率和成本进行个性化产品的大规模定制。酷特智能自主研发的产品实现全流程信息化、智能化，把互联网、物联网等信息技术融入大批量生产，在一条流水线上制造出灵活多变的个性化产品；三是消费者需求直接驱动形成制造企业有效供给的电商平台新业态。酷特智能自主研发了在线定制直销平台——C2M 平台（Customer to Manufactory，消费者需求驱动工厂有效供给），支持多品类多品种的产品在线定制；四是以满足消费者需求为中心的源点论企业治理体系。酷特智能在互联网转型中，形成了支撑新业态和新模式的源点论企业治理体系，以需求为源点，靠源点需求来驱动，整合和协同价值链资源，最终满足源点需求，引导消费主权时代。

三、消费品工业智能制造带来的启示

以大数据应用、数字化、网络化和智能化为特征的新一轮产业革命对社会经济的各方面产生了重大而深远的影响，技术变革极大地提升了企业经营的不确定性，数据更加透明与易得，信息不对称问题得到改善，消费者赋权使得其角色发生转变，开始参与企业的生产制造。技术变革正在改写商业规则。同时，国际制造业竞争加剧，传统制造业转型升级迫在眉睫。面对转型压力，传统制造业如何把握技术变革这一机会顺利实现转型，都是值得深入探讨的问题。通过对华茂集团和酷特智能转型升级模式的分析，得出以下启示：

一是消费品工业转型升级需要注重供给侧与需求侧的协同升级。面对经济下行压力，我国仍坚持以供给侧结构性改革为主线不动摇，同时强化需求刺激。我国传统消费品工业转型升级过程中需要深刻洞察消费者的需求，将顾客的需求作为首要目标，聚焦于满足消费者的个性化需求，以互联网定制化服务为切入点，从供给侧入手，主动调整供给结构，加强优质供给，为内需打造新动力。

二是消费品工业转型升级需创新产业业态与运营模式。在大型的生产制造业中，产品、供应链、生产、销售是一个非常庞大的体系。改变传统的运营模式，将一个完整的价值链进行再造，将设计、制造、销售整合在一起，无论是研发、制造还是服务都会发生根本性改变。酷特智能 C2M 模式正在帮助全国各地的企业进行转型升级辅导和工程改造，目前已涉及全国近 30 个行业、70 多家企业，包括服装鞋帽、家纺、假发、自行车、摩托车、家具、户外用品、化妆品、珠宝等众多消费品工业领域。

三是技术创新是消费品工业转型升级的永恒主题。成熟的技术及模式可以借鉴，但是如果没有技术创新，竞争对手想要赶超只是时间问题，领先其他企业的根源在于自身强大的核心竞争力。以技术创新推动传统产业转型升级，加快采用高新技术和先进适用技术改造提升传统产业是增强企业综合竞争力的根本动力。

V 附 录

Appendices

2019 年消费品工业大事记

周卫红　贾丹　高卉杰　林娜[1]

1月

3日　TCL 集团宣布从一家家电企业变成科技企业，加速公司面板产业发展，通过下一代新型显示技术和材料的开发，提升公司高阶产品的核心竞争力。

7日　《西藏日报》称，为贯彻落实国务院对抗癌药专项降价的决策部署，保障癌症临床用药需求，切实减轻患者费用负担，西藏自治区卫生

---

[1] 周卫红，国家工业信息安全发展研究中心高级工程师，英国城市大学硕士，主要研究方向为消费品、纺织工业等；贾丹，国家工业信息安全发展研究中心工程师，中国科学院大学硕士，主要研究方向为消费品、中小企业等；高卉杰，国家工业信息安全发展研究中心工程师，北京科技大学博士（后），主要研究方向为消费品、中小企业等；林娜，国家工业信息安全发展研究中心高级工程师，副编审，石家庄陆军指挥学院学士，主要研究方向为电子信息产业等。

健康委员会于近日启动全区抗癌药品专项集中采购工作。

9 日 国务院总理李克强主持召开国务院常务会议，再推出一批针对小微企业的普惠性减税措施。

9 日 英国医药巨头葛兰素史克（GSK）宣布，其癫痫病治疗药物利必通分散片获得我国国家药品监督管理局的上市批准。

9 日 国家市场监督管理总局发布《关于印发〈假冒伪劣重点领域治理工作方案（2019—2021）〉的通知》，提出要通过稳步有序开展专项治理，查办一批假冒伪劣大案要案，净化生产源头和流通网络，有效遏制假冒伪劣高发多发势头。

15 日 澳柯玛智能容错售货机产品获得美国 UL 安全认证，这不仅对澳柯玛售货机具有重要意义，而且将极大地提高中国制造在全球市场的竞争力。

15 日 澳大利亚最大的软饮料生产商和分销商可口可乐阿马提尔（Coca-Cola Amatil）宣布将不再在本国发放塑料吸管或搅拌棒，而是将提供完全可回收和可生物降解的纸制吸管。

21 日 澳大利亚弗林德斯大学宣布，该校研究人员研发出一种新型抗生素，动物实验表明它可有效抑制一种具有耐药性的肠道"超级细菌"——艰难梭状芽孢杆菌。艰难梭状芽孢杆菌是一种可导致大肠感染的细菌，已逐渐对传统抗生素产生耐药性变异，因此也是一种"超级细菌"，它常见于长期服用抗生素的人群中。

23 日 美国研究人员最新开发出一种可利用身体热量发电并为小型电子设备供能的织物，有望解决可穿戴设备供能难的问题。

29 日 国家发展和改革委员会会同工业和信息化部、商务部等十部门联合发布《进一步优化供给推动消费平稳增长 促进形成强大国内市场的实施方案（2019 年）》，提出 6 个方面 24 项政策措施，推动消费平稳增长。

31 日 山东如意控股集团宣布完成收购美国英威达公司服饰和高级面料业务，包括全球知名的莱卡 LYCRA®品牌。

2月

11日 国际标准化组织（ISO）正式发布《中医药——板蓝根药材》。

12日 OPPO广东移动通信有限公司宣布，正式进入英国、土耳其和波兰市场，并期待通过公司领先的科技实力与设计能力为更多欧洲用户带来极致的科技体验。

20日 财政部、海关总署、国家税务总局、国家药品监督管理局联合发布了《关于罕见病药品增值税政策的通知》，决定从2019年3月1日起，对首批21个罕见病药品和4个原料药，国内环节可选择按照简易办法依照3%征收率计算缴纳增值税，进口环节减按3%征收增值税。

21日 美的集团（000333.SZ）吸收合并小天鹅（000418.SZ）的事宜，获中国证券监督管理委员会审核通过。

25日 东华大学纺织科技创新中心俞建勇院士和丁彬研究员带领的纳米纤维研究团队在可穿戴发电织物研究领域取得重要进展，相关成果以《应用于智能可穿戴的高柔软、可呼吸、可裁剪和可洗涤发电织物》为题，发表于国际著名期刊《纳米能源》（*Nano Energy*）。

25日 上海GMP研发生产中心用于治疗膝骨关节炎的异体人源脂肪间充质祖细胞注射液 AlloJoin®，成为首个获得国家药品监督管理局（NMPA）临床试验默示许可的通用型干细胞产品，药品类型为治疗用生物制品I类新药。

3月

5日 中美洲—韩国自贸协定获哥斯达黎加立法大会通过，将在阿尔瓦拉多总统签署后正式生效。

12日 中国超高清视频产业联盟标准制定工作组完成了《超高清电视机测量方法》等4项联盟标准的制定，下一步将加快完善超高清视频标准体系框架，开展内容、传输、终端等环节重点急需标准的制定工作。

13 日　越南政府办公厅启动了国家电子文件交换平台,意味着越南向新型现代政府、电子政务及数字经济迈出了坚实的一步。

18 日　内蒙古自治区住房和城乡建设厅等机构在京举办《内蒙古自治区乳品工业管道及设备安装预算定额》标准发布会,该标准作为国内首个乳品工艺定额标准,填补了行业计价空白。

18 日　呼和浩特海关对外消息称,该海关隶属海关包头海关日前签发了新版中国—智利自贸协定原产地证书。按照升级后的中国—智利自贸协定的关税减让标准,将享受零关税待遇,帮助企业减免关税 1.15 万美元,减免幅度达 6%。

18 日　内蒙古伊利实业集团股份有限公司全资子公司香港金港商贸控股有限公司(简称"金港控股")拟以不超过 2.46 亿新西兰元收购新西兰 Westland Co-Operative Dairy Company Limited(简称"Westland")100% 的股权。

19 日　国家市场监督管理总局公布《国务院关于修改部分行政法规的决定》。其中,针对《化妆品卫生监督条例》部分条款进行修改,此次是国家 30 年来针对该条例内容的首次调整。

19 日　南开大学药物化学生物学国家重点实验室刘遵峰教授团队研获了一种绿色环保的纯蚕丝"人工肌肉",可通过感知湿度实现自动伸缩,可用于智能织物及柔性机器人。

21 日　国家食物与营养咨询委员会 2018—2019 年度工作会议公布了第二批国家食物营养教育示范基地名单,康师傅入选并在现场接受授牌。

26 日　美的集团(000333)宣布与三安光电全资子公司三安集成电路达成战略合作,双方将共同成立"第三代半导体联合实验室",共同推动第三代半导体功率器件的创新发展,加快国产芯片导入白色家电行业的速度。

27 日　欧洲议会批准了一项禁止使用一次性塑料制品的新法律。

28 日　全球首条"口服胰岛素胶囊生产线"在安徽合肥竣工。诺贝尔化学奖得主阿夫拉姆·赫什科称其为"全球治疗糖尿病创新药品开发历程中的一个关键性里程碑"。

4 月

10 日　全国首个产品质量鉴定团体标准《产品质量鉴定通用程序规范》在上海顺利通过评审，填补了行业空白。

10 日　VR 3Glasses 发布全球首款消费级超薄 VR 眼镜"3Glasses X1"。

15 日　新《电动自行车安全技术规范》强制性国家标准实施。北京市市场监管局提醒市民：从今天（4 月 15 日）起，各市场主体禁止生产、销售不符合新标准的电动自行车，市民须注意辨识，购买符合 CCC 认证的电动自行车。

21 日　解放军总医院第五医学中心免疫室主任奚永志及其团队申报的《基于 B7-1-PE40KDEL 外毒素融合基因的 DNA 疫苗及其用途》，正式获得国际标准"三方"发明专利授权。该成果是具有完全自主知识产权的原创性成果，也是我国全新治疗性 DNA 疫苗领域获得的首个国际标准"三方"发明专利授权。

25 日　海澜之家在曼谷举办开业盛典，正式宣布其旗下三大品牌共同进驻泰国，这是海澜之家布局东南亚市场的重要一环。作为国民品牌，海澜之家积极推进国际化进程，也是对响应国家"一带一路"政策的示范。

25 日　在第二届"一带一路"国际合作高峰论坛企业家大会上，蒙牛集团与中国·印尼经贸合作区有限公司签署建设印尼乳品工厂合作协议，双方达成进一步深度合作。

27 日　"首届上海血液肿瘤国际高峰论坛暨首个国产生物类似药汉利康上市会"在上海举行，汉利康是国内获批的首个生物类似药，填补了我国生物类似药市场的空白。

5 月

9 日 中国羽绒工业协会在由中国羽绒工业协会主办、广州检验检测认证集团有限公司协办的中国羽绒行业质量大会上发布《胶水羽绒评估方法》团体标准。

13 日 联想在美国奥兰多举行的 Accelerate 大会上发布了全球第一台可折叠屏笔记本电脑。

28 日 中国生物制药发布公告称,附属公司正大天晴药业集团开发的预防恶心和呕吐药"盐酸帕洛诺司琼注射液"获国家药品监督管理局批准增加 1.5ml：0.075mg 规格及新增"预防术后恶心和呕吐"适应证。

28 日 格兰仕集团董事长兼总裁梁昭贤率队造访拼多多总部,正式建立长期全面战略合作关系。

29 日 中国消费品质量安全促进会(简称"中消会")在京召开守护儿童安全暨召回制度实施研讨会,发布了首批 5 项婴童用品及玩具标准:《婴童饮用器具通用安全要求》《婴童衣料用液体洗涤剂》《婴幼儿咀嚼辅食器通用安全要求》《婴幼儿斜躺床通用安全要求》《儿童玩具益智等级评价技术规范》。

29 日 国家药审中心批准 1 类新药 SNG1005 治疗乳腺癌脑转移 Ⅲ 期临床试验。

30 日 《华尔街日报》报道,苹果公司发布了一款新的触控式 iPod,首次支持增强现实和 Group Face Time,起售价 199 美元。

30 日 华为两款液晶电视已经通过 CCC 认证,其认证型号为 OSCA-550/Osca-550A,申请人为华为技术有限公司,生产厂为合肥京东方视讯科技有限公司。

31 日 国家药品监督管理局通过优先审评审批程序批准 1 类创新药本维莫德乳膏上市,该药用于局部治疗成人轻至中度稳定性寻常型银屑病。

6月

3日 国家发展和改革委员会、生态环境部、商务部印发《推动重点消费品更新升级 畅通资源循环利用实施方案（2019—2020 年）》，推动汽车、家电、消费电子产品更新升级。

7日 生态环境部办公厅印发《关于在生态环境系统推进行政执法公示制度执法全过程记录制度重大执法决定法制审核制度的实施意见》，对生态环境行政执法领域全面推行行政执法公示制度、执法全过程记录制度、重大执法决定法制审核制度工作有关事项提出明确要求。

10日 越南 Vingroup 集团在河内和乐高新技术工业区动工新建智能手机（Vsmart）生产工厂。

12日 茅台集团董事长李保芳宣布 6 月 30 日前停用"国酒茅台"商标，称已经花费数千万元设计了新商标。

13日 国家发展和改革委员会等七部门日前联合印发《绿色高效制冷行动方案》提出，在 2017 年的基础上，到 2022 年，我国家用空调等制冷产品的市场能效水平提升 30% 以上，绿色高效制冷产品市场占有率将提高20%，实现年节电约 1000 亿千瓦时。

16日 合肥工业大学科研团队成功研发一种新型超小纳米铼制剂，具有优良的可降解性和生物相容性，实现了肿瘤的安全有效诊断和治疗。相关成果发表于英国皇家化学会期刊《化学科学》，并被推荐为当期封面文章。

17日 国家新一代人工智能治理专业委员会发布了《新一代人工智能治理原则——发展负责任的人工智能》，提出了人工智能治理的框架和行动指南。

22日 欧亚经济委员会官网发布消息称，欧亚经济委员会理事会审议通过了《关于对烟草和酒精商品征收消费税原则的协定》（简称《协定》）。《协定》将通过协调欧亚经济联盟各成员国烟草酒精商品的消费税税率，为建立联盟统一的烟草酒精市场创造条件。

24日 俄罗斯总统普京签署命令,将对西方国家食品的进口禁令延长一年至 2020 年 12 月 31 日。

24日 智利外贸促进局推出电商平台"ChileB2B",以便智利出口商与世界各国进口商进行联系。

25日 华为 5G 双模手机 Mate 20 X(5G)获得国内首张 5G 终端电信设备进网许可证,编号为 001,这标志着 5G 时代正式开启。

25日 《外卖食品包装件》系列团体标准在上海市徐汇区正式发布,推动了外卖餐食安全再升级。

25日 由香港特区政府设立的中医药发展基金正式启动,开始接受中医药业界及相关团体申请,以促进中医药界发展,提高业界整体水平。

26日 世界品牌实验室(World Brand Lab)发布了 2019 年《中国 500 最具价值品牌》榜单,鄂尔多斯再次脱颖而出,品牌价值突破千亿元,继续蝉联纺织服装行业第 1 名。

27日 《生态海盐评价技术规范》(T/CNLIC 0003—2019)标准正式印发。该项标准的制定,填补了行业空白。该标准的重要技术指标已经超过国际食品法典委和比利时等世界高端海盐标准要求,达到了国际领先水平。

27日 格兰仕为广大女性倾情打造的首款智能化妆品冰箱(BC-103)在 Galanz+App 首发。

7月

1日 LG Display 对外公布,大尺寸 OLED 面板获得了全球技术评估机构 TUV Rheinland(TUV 莱茵)的"眼部舒适度显示屏"(Eye Comfort Display)认证。

1日 在 2019 大连夏季达沃斯论坛举办期间,蒙牛与乌拉圭乳业签订合作协议,加速国际化布局。

1 日 从 2019 年 7 月 1 日起，乌克兰烟草制品的消费税税率上涨 9%，这将导致卷烟价格上涨。

2 日 工业和信息化部消费品工业司与腾讯微信签署合作备忘录，正式发布由双方合作开发的"婴配乳粉追溯"小程序，这也是全国首个官方奶粉溯源小程序，将为消费者提供更便捷、权威的婴幼儿配方乳粉产品追溯查询方式。

2 日 由中国乳制品工业协会会同广大乳制品企业共同起草的《乳制品企业共同推进行业高质量发展宣言》，在 2019 年全国食品安全宣传周工业和信息化部主题日期间正式对外发布。

3 日 河南国鑫环保科技有限公司和乌兹别克斯坦萨伊卡尔工贸集团有限公司成立了中乌合资企业——费尔干纳石头纸有限公司，注册资金为 700 万美元，专门用石头制作纸张。

10 日 智利第 24 届国际葡萄酒品评大赛在圣地亚哥揭晓评选结果，中粮集团蓬莱产区选送的一款长城海岸赤霞珠·马瑟兰葡萄酒获得一项金奖。

10 日 财富中文网发布了 2019 年度《财富》中国 500 强企业排行榜，康美药业以 193 亿元营业收入、11 亿元利润入榜。

11 日 海南省政府近日发布《海南省优化营商环境行动计划（2019—2020 年）》，分别从开办企业、获得施工许可、获得电力电信服务、财产登记、获得信贷和改善融资环境、纳税便利化、跨境贸易、保护投资者等 11 个方面提出 29 条改革举措，以加快形成法治化、国际化、便利化营商环境，推动海南自由贸易试验区和中国特色自由贸易港建设。

12 日 第二届食品安全国家标准审评委员会成立，通过《食品安全国家标准审评委员会章程》。

15 日 国务院印发了《国务院关于实施健康中国行动的意见》。未来，治疗性药物、预防医学、基因检测、医疗等板块有望迎来行业利好。

17 日 北京中关村企业利亚德集团自主研发的世界首个 0.6 毫米点间距 LED 自发光屏幕在 2019 年北京国际视听集成设备与技术展上展出，目前已达到可量产状态。

23 日　在广州举办的 2019 中国市场营销国际学术年会暨中国创造展主论坛活动中，中国企业专利 500 强榜单首次发布。

24 日　乌克兰政府取消了酒精、白兰地、果酒、精馏葡萄酒和果酒，酒精饮料和烟草制品的进出口许可。

27 日　印度商品和服务税（GST）委员会做出决定，从 8 月 1 日开始将电动车的商品和服务税税率从此前的 12%下调至 5%。

29 日　由商务部主办的 2019 年中国品牌商品（拉美）展在巴西圣保罗市开幕，展会为期 4 天，共有来自中国的 132 家企业参展，展品包括电子消费品、家用电器及生活用品等。

31 日　阿联酋联邦税务局（FTA）表示，从 8 月 1 日起，将禁止阿联酋市场上无电子税章的所有类型烟草的销售和购买。

8 月

1 日　内蒙古伊利实业集团股份有限公司（简称"伊利"）发布公告称，已完成对新西兰第二大乳品企业 Westland 的收购，伊利通过全资子公司持有 Westland 100%的股权。

8 日　雀巢宣布与星巴克结成的全球咖啡联盟正式发力中国市场，面向中国消费者推出全新的"星巴克家享咖啡"（Starbucks At Home）和"星巴克咖啡服务"（We Proudly Serve Starbucks Coffee），这也意味着星巴克咖啡产品首次正式进入家用场景及店外渠道。

16 日　美国研究人员研制出一种新型纺织材料，如果缝在衣服上，穿着者用手指触碰衣服即可遥控电灯开关、音乐播放器等装置。

17 日　第六届海尔热水节东北净水洗普及风暴交互活动启动在哈尔滨居然之家哈西店举行。现场海尔热水器推出净水洗智慧套系等 4 大套系，为东北用户定制全屋用水方案。

19 日　"中国品牌宣传服装秀"和"国际时装秀"在多伦多国际展览

中心开幕的第四届加拿大服装纺织品采购展上再次亮相。

20日 《国家基本医疗保险、工伤保险和生育保险药品目录》常规准入部分的药品名单挂网发布，2019 年国家医保药品目录调整工作取得阶段性进展。

23日 全球 32 家时尚和纺织业巨头在法国总统官邸——爱丽舍宫共同签署了一份具有历史意义的《时尚公约》（*Fashion Pact*），设立可持续时尚联盟，围绕减缓气候变化趋势、恢复物种多样性、海洋保护三大主题做出郑重承诺。如意控股集团是中国内地唯一受邀签署该协议并加入可持续时尚联盟的企业。

26日 国家药品监督管理局印发了《疫苗追溯基本数据集》《疫苗追溯数据交换基本技术要求》《药品追溯系统基本技术要求》3 项信息化标准。

27日 海尔净水推出了行业首台双 A+物联网净水机——海尔净水机"博观"系列，通过定制天然好水，满足用户对高品质生活的新体验。

28日 根据 2019 年 8 月 21 日第 682-r 号关于乌克兰国家税务署正式运行的政府令，乌克兰国家税务署于 2019 年 8 月 28 日正式运行。

29日 为积极响应《国务院办公厅关于推进奶业振兴保障乳品质量安全的意见》，推动落实其中有关提高奶牛单产量的目标，利乐公司、利拉伐公司与中国农业大学在北京共同签署了 2020—2024 年《中瑞奶业合作提质增效项目合作协议》。

9月

1日 3 部《反垄断法》配套规章《禁止垄断协议暂行规定》《禁止滥用市场支配地位行为暂行规定》《制止滥用行政权力排除、限制竞争行为暂行规定》开始实施。

1日 广东省住房和城乡建设厅发布广东省标准《智慧灯杆技术规范》，这也是全国首份针对智慧灯杆的省级标准。

2 日　在北京举办的第五届智利周上，智利农业部部长沃克宣布从本月开始，智利蜂蜜将进入中国，这将惠及智利不同地区的 8000 名养蜂人。

3 日　中石化易捷便利店发布全新品牌"易捷咖啡"，首店落户苏州。

6 日　交通运输部、国家税务总局近日发布《网络平台道路货物运输经营管理暂行办法》，这是我国首个物流新业态管理暂行办法，将于 2020年 1 月 1 日起施行，有效期 2 年。

10 日　为期 4 天的第四届中国品牌箱包欧洲展（俄罗斯）在莫斯科开幕，近 50 家中国箱包企业的自主品牌产品亮相展会。

10 日　2019 年德国柏林消费电子展（IFA）在德国柏林开幕，美菱冰箱展出了全面薄多款精选系列产品。

16 日　蒙牛集团在香港特区发布公告，宣布拟收购澳大利亚有机婴幼儿食品和配方奶粉企业贝拉米（Bellamy's Organic），双方已于 9 月 15日签署协议。

18 日　在 HUAWEI CONNECT 2019 期间，华为面向企业市场发布下一代智能产品战略及全新+AI 系列新品，包括 Engine AI Turbo 系列产品、iMaster NCE 自动驾驶网络管理与控制系统、iMaster NAIE 业界首个网络人工智能平台、基于鲲鹏和昇腾处理器的新一代 OceanStor Dorado 智能全闪存、业界首个智能数据中心互联产品华为 OptiXtrans DC908 等。

20 日　2019 世界制造业大会在安徽合肥开幕，国务委员王勇出席开幕式，宣读了习近平主席致大会的贺信并致辞。

24 日　来自中国十多个省份的 325 家企业参加了为期 4 天的第 28 届莫斯科国际食品展。

24 日　国家医疗保障局发布消息称，随着当日 20 多个省份进行药品联合招标采购，国家组织药品集中采购和使用试点范围由 11 个城市扩大至全国。

25 日　中国国际纺织面料及辅料（秋冬）博览会在上海开幕，玉米纤维面料、石墨烯印花面料、感温感光印花面料等一系列纺织"黑科技"亮相展会。

26 日 中国轻工产业高端服务产业园在安徽滁州奠基。

26 日 国星光电在中美两地获得 LED 发明专利证书。

26 日 被誉为"质量奥林匹克"的第 44 届国际质量管理小组会议在日本东京落下帷幕。在本次会议上，扬子江药业集团选送的 3 个质量管理小组课题全部获得金奖。这是扬子江药业集团连续 5 年在国际 QC 大赛中摘金夺银。

27 日 天津市十七届人大常委会第十三次会议审议通过了《天津市知识产权保护条例》，将于 2019 年 11 月 1 日起施行。这部省级知识产权保护的综合性地方性法规中的多项创新举措，可有效破解知识产权案件中的维权难题。

28 日 罗马尼亚国家银行推出金融科技创新中心平台，旨在加强同提供金融和支付服务解决方案的企业间联系，并向其提供罗国家银行金融专家的咨询服务。

10 月

9 日 俄罗斯政府在官方网站上发布消息称，俄罗斯政府已批准《欧亚经济联盟及其成员国与塞尔维亚自贸区协定》。

15 日 新中国成立 70 周年品牌盛典在北京国家会议中心举办，恒安集团获颁"新中国 70 周年 70 品牌"荣誉。

18 日 济南市出台 23 条惠台措施实施细则，为台湾地区同胞在济南的教育、实习、创业、居住等方面提供便利，促进台商台胞与济南居民同等待遇应享尽享。

20 日 国家市场监督管理总局、国家标准化管理委员会在浙江义乌召开新闻发布会，批准发布了《电子商务交易产品质量网上监测规范》等一批重要国家标准。

25 日 美国众议院筹款委员会（The House Ways and Means Committee）批准了一项尼古丁电子烟征税条款，这也意味着美国将首次针对尼古丁液体征税。

26日 为促进农业可持续发展，推进农业高质量发展，贵州根据当地气候及地理地貌特征，编制了蔬菜、茶叶、食用菌、刺梨、油茶、生态畜牧、生态渔业、精品水果、辣椒、竹笋等10个食用农产品标准体系。

28日 俄罗斯总统普京签署命令，批准《关于欧亚经济联盟统一烟草产品消费税的协定》，并将在最高欧亚经济理事会会议上由各方正式签署。

28日 美国将自10月30日起取消针对155种乌克兰进口商品的免税限制。

31日 坚果手机2019系列新产品——坚果Pro3新品发布会在北京工业大学奥林匹克体育馆召开。

11月

2日 由中国海洋大学、中国科学院上海药物研究所、上海绿谷制药有限公司研发的一款治疗阿尔茨海默病的新药已通过国家药品监督管理局批准，可用于轻度至中度阿尔茨海默病，改善患者的认知功能。该药为全球首次上市，将为患者提供新的治疗方案。

4日 由商务部主办的2019年中国品牌商品卢旺达展暨重庆出口商品（非洲）巡展在卢旺达首都基加利开幕。

4日 芬美意（Firmenich）宣布已与MG国际香水公司（MG International Fragrance Company）达成共建合资企业的协议。

8日 第十六届世界中医药大会暨"一带一路"中医药学术交流活动在匈牙利首都布达佩斯开幕，来自30多个国家和地区的近800名中医药行业代表与会，就中医药传承与创新、中医人才培养等问题展开交流。

8日 《消费品召回管理暂行规定》经国家市场监督管理总局2019年第14次局务会议审议通过，自2020年1月1日起施行。

12日 在孙中山先生153周年诞辰之际，由中山市纺织工程学会和中山职业技术学院共同主办的"中山装服饰文化交流会暨《中山装手工制作生产规范》团体标准发布会"在中山职业技术学院隆重举行。该标准将于2020年1月1日正式实施，是国内首次发布的有关中山装的团体标准。

13日 中国飞鹤有限公司正式在港交所挂牌交易，飞鹤以发行价计市值超过670亿港元，成为港交所历史上首发市值最大的乳品企业。

15日 为持续深化"放管服"改革，进一步支持和服务小微企业发展，国家税务总局推出8条便利小微企业办税缴费新举措。

15日 澳大利亚联邦政府正式批准蒙牛集团收购澳大利亚有机婴儿奶粉和有机辅食生产商贝拉米。

21日 君乐宝乳业集团在北京举行新品发布会，正式推出其首款鲜奶产品"悦鲜活"。这款采用新技术、保质期达到19天的鲜奶新品，突破了传统鲜奶保质期短、销售半径小的局限，成为首款进行全国布局的低温鲜奶产品。

26日 斯道拉恩索（Stora Enso）与植物型防渗涂层生产商HSManufacturing Group（HSMG）达成战略合作，以开发斯道拉恩索的成型纤维产品。

26日 美国纽约市议会以42票对2票通过禁止香味电子烟的决议，该禁令将于2020年7月1日在纽约市生效，预计会面临法律挑战。

28日 国家疫苗追溯协同服务平台天津试点启动暨"天津市疫苗追溯监管平台"上线仪式在天津举行。该平台将实现对疫苗生产、运输、仓储、配送、接种的全环节监管。

29日 亚宝药业集团股份有限公司发布公告称，公司收到了国家药品监督管理局核准签发的苯甲酸阿格列汀片《药品注册批件》，成为国内首仿第一家获得阿格列汀片注册批件的企业。

12月

1日 中国防伪行业协会和全国防伪标准化技术委员会（SAC/TC 218）在北京组织召开了国家标准GB/T 37470—2019《结构三维码防伪技术条件》宣贯实施新闻发布会，该标准正式实施。

2 日   由中国纺织科学研究院中纺标检验认证股份有限公司牵头制定的国际标准 ISO1833-28：2019《纺织品定量化学分析第 28 部分：壳聚糖纤维与某些其他纤维混合物（稀乙酸法）》正式发布，填补了国际方面的行业空白。

5 日   长三角区域一体化食品安全信息追溯平台在上海启动，三省一市共同启动长三角区域一体化食品安全信息追溯平台，并就具体合作事宜和行动方案签约。

11 日   由世界品牌实验室（World Brand Lab）独家编制的 2019 年度（第十六届）《世界品牌 500 强》排行榜在纽约揭晓，中国入选的品牌有 40 个。其中，3 个涉及纺织类中国品牌入围，分别是第 78 位华润，第 415 位恒力和第 470 位魏桥。

11 日   为提升纺织业技术水平，哈萨克斯坦正式组建"哈萨克纺织工业"生产企业联合会，约有 100 家哈萨克斯坦本国轻纺企业加入该组织。

11 日   乌克兰总统泽连斯基签署《关于酒精、白兰地和果酒、酒精饮料、烟草制品和燃料的生产和流通的国家管理法》的法律修正案，对酒精生产和流通领域实施自由化。

12 日   胡润研究院发布《2019 胡润品牌榜》，贵州茅台、中华、天猫位列前三。

16 日   北京 2022 年冬奥会和冬残奥会官方巧克力独家供应商发布会在北京冬奥会和冬残奥运会组织委员会举行，玛氏箭牌旗下品牌士力架正式成为北京 2022 年冬奥会和冬残奥会官方巧克力独家供应商。

16 日   新乡化纤股份有限公司顺应绿色节能的国际形势与环保要求，其再生纤维素长丝和氨纶产品均获得了 STeP 认证证书，也是全球唯一一家通过 STeP 认证的氨纶生产企业。

17 日   伊利通过配方注册的金领冠"悠滋小羊"婴幼儿配方羊奶粉正式上市。

20 日   石药控股集团有限公司高血压专利药马来酸左旋氨氯地平（商品名：玄宁）获 FDA（美国食品药品监督管理局）审评通过，成为中国本土企业第一个获得美国完全批准的创新药。

B.13

2019 年度消费品工业百强企业排名

贾丹　高卉杰　林娜[1]

一、轻工业百强企业排名

本节根据中国轻工业联合会发布的数据，整理了 2019 年度中国轻工业百强企业排名、中国轻工业科技百强企业排名及轻工业装备制造 30 强企业榜单（见表 13-1～表 13-3）。

表 13-1　2019 年度中国轻工业百强企业排名

排　　名	企业名称	所属行业
1	海尔集团公司	家电
2	美的集团股份有限公司	家电
3	珠海格力电器股份有限公司	家电
4	中国贵州茅台酒厂（集团）有限责任公司	酿酒
5	天能集团	铅蓄电池
6	四川宜宾五粮液集团有限公司	酿酒
7	超威集团	新能源电池
8	内蒙古伊利实业集团有限公司	乳品
9	玖龙纸业（控股）有限公司	造纸
10	山东晨鸣纸业集团股份有限公司	造纸

---

[1] 贾丹，国家工业信息安全发展研究中心工程师，中国科学院大学硕士，主要研究方向为消费品、中小企业等；高卉杰，国家工业信息安全发展研究中心工程师，北京科技大学博士（后），主要研究方向为消费品、中小企业等；林娜，国家工业信息安全发展研究中心高级工程师，副编审，石家庄陆军指挥学院学士，主要研究方向为电子信息产业等。

续表

排　　名	企业名称	所属行业
11	华泰集团有限公司	造纸
12	内蒙古蒙牛乳业（集团）股份有限公司	乳品
13	杭州娃哈哈集团有限公司	饮料
14	安踏体育用品集团有限公司	制鞋
15	山鹰国际控股股份公司	造纸
16	山东太阳控股集团有限公司	造纸
17	青岛啤酒股份有限公司	酿酒
18	理文造纸有限公司	造纸
19	江苏洋河酒厂股份有限公司	酿酒
20	海信家电集团股份有限公司	家电
21	天津渤海轻工投资集团有限公司	综合
22	广州轻工工贸集团有限公司	综合
23	波司登股份有限公司	羽绒
24	广州万宝集团有限公司	家电
25	星星集团有限公司	家电
26	老凤祥股份有限公司	工美
27	香驰控股有限公司	农副
28	北京一轻控股有限责任公司	综合
29	中国工艺集团有限公司	工美
30	新百丽鞋业（深圳）有限公司	制鞋
31	泸州老窖集团有限责任公司	酿酒
32	浙江伟星新型建材股份有限公司	塑料
33	亚太森博中国控股有限公司	造纸
34	佛山市海天调味食品股份有限公司	发酵
35	九阳股份有限公司	家电
36	广东格兰仕集团有限公司	家电
37	山西杏花村汾酒集团有限责任公司	酿酒
38	杭州老板电器股份有限公司	家电
39	广东联塑科技实业有限公司	塑料
40	辽宁禾丰牧业股份有限公司	农副
41	上海海立（集团）股份有限公司	家电

排　　名	企业名称	所属行业
42	长虹美菱股份有限公司	家电
43	欧普照明股份有限公司	照明
44	理士国际技术有限公司	铅蓄电池
45	宁波方太厨具有限公司	五金
46	安徽古井集团有限责任公司	酿酒
47	浙江南都电源动力股份有限公司	新能源电池
48	得力集团	文教用品
49	纳爱斯集团有限公司	洗涤
50	山东博汇集团有限公司	造纸
51	北京燕京啤酒股份有限公司	酿酒
52	TCL 空调器（中山）有限公司	家电
53	公元塑业集团有限公司	塑料
54	中国纸业投资有限公司	造纸
55	莱克电气股份有限公司	家电
56	安徽天康（集团）股份有限公司	电池
57	骆驼集团股份有限公司	铅蓄电池
58	广州立白企业集团有限公司	洗涤
59	阜丰集团有限公司	发酵
60	石羊农业控股集团股份有限公司	农副
61	广州市浪奇实业股份有限公司	洗涤
62	欣旺达电子股份有限公司	新能源电池
63	风帆有限责任公司	铅蓄电池
64	浙江中财管道科技股份有限公司	塑料
65	李宁（中国）体育用品有限公司	制鞋
66	奥克斯空调股份有限公司	家电
67	澳柯玛股份有限公司	家电
68	青岛即发集团股份有限公司	工美
69	珠海凌达压缩机有限公司	家电
70	双汇集团化工包装事业部	塑料
71	杭州金鱼电器集团有限公司	家电
72	金猴集团有限公司	制鞋

续表

排　　名	企业名称	所属行业
73	上海晨光文具股份有限公司	制笔
74	奥康集团有限公司	制鞋
75	泰山体育产业集团有限公司	体育用品
76	北京三元食品股份有限公司	乳品
77	浙江省手工业合作社联合社	综合
78	威莱（广州）日用品有限公司	洗涤
79	安徽金禾实业股份有限公司	添加剂
80	广州珠江啤酒股份有限公司	酿酒
81	康泰塑胶科技集团有限公司	塑料
82	北京工美集团有限责任公司	工美
83	浙江泰普森实业集团有限公司	礼品
84	保龄宝生物股份有限公司	发酵
85	黄石东贝机电集团有限责任公司	家电
86	浙江阳光照明电器集团股份有限公司	照明
87	华帝股份有限公司	五金
88	雅迪科技集团有限公司	电动自行车
89	哈尔滨光宇集团股份有限公司	新能源电池
90	宁波利时日用品有限公司	塑料
91	江苏省盐业集团有限责任公司	盐业
92	伽蓝（集团）股份有限公司	化妆品
93	广博集团	文教用品
94	双登集团股份有限公司	铅蓄电池
95	苏州三星电子有限公司	家电
96	湖南科力远高技术集团有限公司	新能源电池
97	圣奥集团有限公司	家具
98	常州星宇车灯股份有限公司	照明
99	广东华兴玻璃股份有限公司	玻璃包装
100	浙江欧诗漫集团有限公司	化妆品

表 13-2　2019 年度中国轻工业科技百强企业排名

排　名	企业名称	所属行业
1	美的集团有限公司	家电
2	青岛海尔股份有限公司	家电
3	珠海格力电器股份有限公司	家电
4	天能集团	电池
5	海信家电集团股份有限公司	家电
6	阜丰集团有限公司	发酵
7	广东联塑科技实业有限公司	塑料
8	超威集团	电池
9	黄石东贝机电集团有限责任公司	家电
10	宁波方太厨具有限公司	五金
11	欧普照明股份有限公司	照明
12	广州立白企业集团有限公司	日化
13	杰克缝纫机股份有限公司	缝制机械
14	晨光生物科技集团股份有限公司	添加剂
15	佛山市海天调味品食品股份有限公司	食品
16	内蒙古伊利实业集团股份有限公司	乳品
17	永高股份有限公司	塑料
18	广东格兰仕集团有限公司	家电
19	亚大集团公司	塑料
20	广州达意隆包装机械股份有限公司	轻机
21	辽宁禾丰牧业股份有限公司	农副
22	江苏洋河酒厂股份有限公司	酿酒
23	江苏海狮机械股份有限公司	轻机
24	北京一轻控股有限责任公司	综合
25	厦门立达信绿色照明集团有限公司	照明
26	苏州亨利通信材料有限公司	塑料
27	浙江阳光照明电器集团股份有限公司	照明
28	上工申贝（集团）股份有限公司	缝制机械
29	广州轻工工贸集团有限公司	综合
30	浙江中捷缝纫科技有限公司	缝制机械
31	泸州老窖股份有限公司	酿酒

续表

排　名	企业名称	所属行业
32	理士国际技术有限公司	电池
33	天津海鸥表业集团有限公司	钟表
34	上海思乐得不锈钢制品有限公司	日杂
35	北京三元食品股份有限公司	乳品
36	深圳市喜德盛自行车股份有限公司	自行车
37	杭州永创智能设备股份有限公司	轻机
38	山东英吉多健康产业有限公司	健身器材
39	广州珠江啤酒股份有限公司	酿酒
40	安徽安利材料科技股份有限公司	塑料
41	山东景耀玻璃集团有限公司	日用玻璃
42	西安标准工业股份有限公司	缝制机械
43	浙江欧诗漫集团有限公司	化妆品
44	浙江美机缝纫机有限公司	缝制机械
45	内蒙古蒙牛乳业（集团）股份有限公司	乳品
46	安徽古井集团有限责任公司	酿酒
47	佛山佛塑科技集团股份有限公司	塑料
48	深圳齐心集团股份有限公司	文教用品
49	中广核高新核材集团有限公司	塑料
50	宁波舒普机电股份有限公司	缝制机械
51	TCL 空调器（中山）有限公司	家电
52	华帝股份有限公司	五金
53	珠海双喜电器股份有限公司	家电
54	杭州娃哈哈集团有限公司	饮料
55	真彩文具股份有限公司	制笔
56	长虹美菱股份有限公司	家电
57	北京大豪科技股份有限公司	缝制机械
58	伽蓝（集团）股份有限公司	化妆品
59	杭州中亚机械股份有限公司	轻机
60	飞亚达（集团）股份有限公司	钟表
61	济南玫德铸造有限公司	五金
62	北京燕京啤酒股份有限公司	酿酒

续表

排　　名	企业名称	所属行业
63	四川达威科技股份有限公司	皮革
64	宁波乐惠国际工程装备股份有限公司	轻机
65	赞宇科技集团股份有限公司	洗涤
66	天津春发生物科技集团有限公司	香精
67	北京世纪百强家具有限责任公司	家具
68	江苏省盐业集团有限责任公司	盐业
69	佛山欧神诺陶瓷有限公司	陶瓷
70	浙江爱仕达电器股份有限公司	五金
71	普瑞特机械制造股份有限公司	轻机
72	宁波海伯集团有限公司	钓具
73	湖南科力远高技术集团有限公司	电池
74	常州星宇车灯股份有限公司	照明
75	漳州市恒丽电子有限公司	钟表
76	上海百润投资控股集团股份有限公司	香精
77	横店集团得邦照明股份有限公司	照明
78	珀莱雅化妆品股份有限公司	化妆品
79	福建泉州顺美集团有限责任公司	陶瓷
80	爱普香料集团股份有限公司	香料
81	河南大指造纸装备集成工程有限公司	轻机
82	金猴集团有限公司	皮革
83	广东星联精密机械有限公司	轻机
84	杭州老板电器股份有限公司	五金
85	广东大族粤铭激光集团股份有限公司	缝制机械
86	浙江中财型材有限责任公司	塑料
87	广东万和新电气股份有限公司	家电
88	华宝香精股份有限公司	香精
89	界首市天鸿新材料股份有限公司	塑料
90	福建瑞达精工股份有限公司	钟表
91	上海相宜本草化妆品有限公司	化妆品
92	上海家化联合股份有限公司	化妆品
93	琦星智能科技股份有限公司	缝制机械

续表

排　名	企业名称	所属行业
94	中国贵州茅台酒厂（集团）有限责任公司	酿酒
95	浙江凯耀照明股份有限公司	照明
96	广州市浪奇实业股份有限公司	洗涤
97	武汉金牛经济发展有限公司	塑料
98	捷安特投资有限公司	自行车
99	山东润德生物科技有限公司	发酵
100	丹东康齿灵牙膏有限公司	口腔清洁用品

表 13-3　2019 年度中国轻工业装备制造 30 强企业榜单

排　名	企业名称	所属行业
1	杰克缝纫机股份有限公司	缝制机械
2	北京大豪科技股份有限公司	缝制机械
3	上工申贝（集团）股份有限公司	缝制机械
4	杭州永创智能设备股份有限公司	轻工机械
5	南通恒康数控机械股份有限公司	缝制机械
6	琦星智能科技股份有限公司	缝制机械
7	广州达意隆包装机械股份有限公司	轻工机械
8	江苏海狮机械股份有限公司	轻工机械
9	宁波舒普机电股份有限公司	缝制机械
10	宁波乐惠国际工程装备股份有限公司	轻工机械
11	杭州中亚机械股份有限公司	轻工机械
12	浙江中捷缝纫科技有限公司	缝制机械
13	上海威士机械有限公司	轻工机械
14	山东碧海包装材料有限公司	轻工机械
15	普瑞特机械制造股份有限公司	轻工机械
16	浙江美机缝纫机有限公司	缝制机械
17	山东三金玻璃机械有限公司	轻工机械
18	福建省轻工机械设备有限公司	轻工机械
19	广州华研精密机械股份有限公司	轻工机械
20	潍坊凯信机械有限公司	轻工机械
21	浙江信胜科技股份有限公司	缝制机械
22	西安标准工业股份有限公司	缝制机械

排　　名	企业名称	所属行业
23	汇宝科技集团有限公司	缝制机械
24	浙江衣拿智能科技有限公司	缝制机械
25	昆明克林轻工机械有限责任公司	轻工机械
26	浙江越隆缝制设备有限公司	缝制机械
27	山东晨钟机械股份有限公司	轻工机械
28	肥城金塔机械有限公司	轻工机械
29	上工富怡智能制造（天津）有限公司	缝制机械
30	浙江宝宇缝纫机有限公司	缝制机械

二、纺织业百强企业排名

本节根据网络资料，整理了 2019 年度中国纺织行业百强企业排名（见表 13-4）。

表 13-4　2019 年度中国纺织行业百强企业排名

排　　名	企业名称
1	福建凤竹纺织科技股份有限公司
2	美欣达集团有限公司
3	志向控股集团有限公司
4	张家港市大新毛纺有限公司
5	南山集团有限公司
6	深圳市纺织（集团）股份有限公司
7	湖北孝棉实业集团有限责任公司
8	上海纺织控股（集团）公司
9	山东大海集团有限公司
10	江阴机械制造有限公司
11	江苏阳光集团有限公司
12	云南纺织（集团）股份有限公司
13	东方地毯集团有限公司
14	常州同和纺机械制造有限公司

续表

排　名	企业名称
15	达利（中国）有限公司
16	浙江袜业有限公司
17	青岛环球集团股份有限公司
18	新天龙集团有限公司
19	上海美特斯邦威服饰股份有限公司
20	恒力集团有限公司
21	江苏 AB 集团有限责任公司
22	华润纺织（集团）有限公司
23	山东如意科技集团有限公司
24	山东海龙股份有限公司
25	山西三维集团股份有限公司
26	江苏堂皇集团有限公司
27	江苏华西集团有限公司
28	稳健实业（深圳）有限公司
29	愉悦家纺有限公司
30	红黄蓝集团有限公司
31	波司登股份有限公司
32	北京雪莲集团有限公司
33	凯撒（中国）文化股份有限公司
34	福建省三明纺织有限公司
35	湖南东方时装有限公司
36	吉林化纤集团有限责任公司
37	丝绸之路控股集团有限公司
38	浙江荣盛控股集团有限公司
39	南阳纺织集团有限公司
40	江苏向阳集团有限公司
41	浙江金鹰集团有限公司
42	鲁泰纺织股份有限公司
43	南通大东有限公司
44	报喜鸟集团有限公司
45	江苏三友集团股份有限公司

续表

排　　名	企业名称
46	经纬纺织机械股份有限公司
47	上海罗莱家用纺织品有限公司
48	广东省丝绸纺织集团有限公司
49	澳洋集团有限公司
50	海华纺织股份有限公司
51	陕西八方纺织有限责任公司
52	盛虹集团有限公司
53	江苏红豆实业股份有限公司
54	新申集团有限公司
55	宁波杉杉股份有限公司
56	江苏天明机械集团有限公司
57	华芳集团有限公司
58	山东华龙纺织股份有限公司
59	浙江伟星实业发展股份有限公司
60	三阳纺织有限公司
61	孚日集团股份有限公司
62	万事利集团有限公司
63	瑞昌市鸿达纺织有限公司
64	广东溢达纺织有限公司
65	湖南梦洁家纺股份有限公司
66	招远市针织厂有限公司
67	山东华兴纺织集团有限公司
68	烟台氨纶股份有限公司
69	内蒙古鄂尔多斯羊绒集团有限责任公司
70	探路者控股集团股份有限公司
71	苏州工业园区天源服装有限公司
72	天虹纺织集团有限公司
73	黑牡丹（集团）股份有限公司
74	常熟色织有限公司
75	桐昆集团股份有限公司
76	河南项城纺织有限公司

续表

排　　名	企业名称
77	盛宇集团有限公司
78	安徽华茂集团有限公司
79	大港纺织集团有限公司
80	宁波博洋纺织有限公司
81	福建宏远集团有限公司
82	青岛即发集团控股有限公司
83	金达集团控股有限公司
84	常熟长城轴承有限公司
85	江苏大生集团有限公司
86	无锡二橡胶股份有限公司
87	湖北金环股份有限公司
88	雅鹿集团股份有限公司
89	江苏华强纺织有限公司
90	百隆东方股份有限公司
91	中纺投资发展股份有限公司
92	利郎（中国）有限公司
93	福建七匹狼实业股份有限公司
94	福建众和股份有限公司
95	北京铜牛集团有限公司
96	虎都（中国）服饰有限公司
97	青岛红领集团有限公司
98	富润控股集团有限公司
99	江苏泰达纺织有限公司
100	烟台万华聚氨酯股份有限公司

三、食品行业 50 强企业排名

本节根据中国轻工业联合会发布的数据，整理了 2019 年度中国食品行业 50 强企业排名（见表 13-5）。

表 13-5　2019 年度中国食品行业 50 强企业排名

排　　名	企业名称	所属行业
1	中国贵州茅台酒厂（集团）有限责任公司	酿酒
2	四川宜宾五粮液集团有限公司	酿酒
3	内蒙古伊利实业集团有限公司	乳品
4	内蒙古蒙牛乳业（集团）股份有限公司	乳品
5	杭州娃哈哈集团有限公司	饮料
6	青岛啤酒股份有限公司	酿酒
7	北京一轻食品集团有限公司	食品
8	香驰控股有限公司	农副
9	泸州老窖集团有限责任公司	酿酒
10	佛山市海天调味食品股份有限公司	发酵
11	山西杏花村汾酒集团有限责任公司	酿酒
12	辽宁禾丰牧业股份有限公司	农副
13	安徽古井集团有限责任公司	酿酒
14	北京燕京啤酒股份有限公司	酿酒
15	阜丰集团有限公司	发酵
16	石羊农业控股集团股份有限公司	农副
17	北京三元食品股份有限公司	乳品
18	安徽金禾实业股份有限公司	添加剂
19	广州珠江啤酒股份有限公司	酿酒
20	保龄宝生物股份有限公司	发酵
21	梅花生物科技集团股份有限公司	发酵
22	江苏省盐业集团有限责任公司	盐业
23	上海太太乐食品有限公司	发酵
24	菱花集团有限公司	发酵
25	安琪酵母股份有限公司	发酵
26	山东省鲁洲食品集团有限公司	食品
27	沈阳桃李面包有限公司	焙烤
28	西安银桥乳业（集团）有限公司	乳品
29	陕西西凤酒股份有限公司	酿酒
30	新疆伊力特实业股份有限公司	酿酒
31	云南英茂糖业（集团）有限公司	糖业

续表

排　名	企业名称	所属行业
32	中国绍兴黄酒集团有限公司	酿酒
33	江苏苏盐井神股份有限公司	盐业
34	山东百龙创园生物科技股份有限公司	添加剂
35	晨光生物科技集团股份有限公司	添加剂
36	青援食品有限公司	食品
37	贵州国台酒业股份有限公司	酿酒
38	山东昆达生物科技有限公司	添加剂
39	山东玉泉食品有限公司	罐头
40	国投中鲁果汁股份有限公司	饮料
41	山东鲁花生物科技有限公司	发酵
42	河南省宋河酒业股份有限公司	酿酒
43	中粮长城葡萄酒（蓬莱）有限公司	酿酒
44	日照金禾生化集团股份有限公司	发酵
45	古贝春集团有限公司	酿酒
46	山西汾阳王酒业有限责任公司	酿酒
47	湖州老恒和酿造有限公司	酿酒
48	浙江省盐业集团有限公司	盐业
49	武汉有机实业有限公司	添加剂
50	怀仁市金沙滩羔羊肉业有限公司	农副

四、医药行业百强企业名单

本节根据中华全国工商业联合会医药业商会发布的 2019 年中国医药行业最具影响力榜单，整理了 2019 年度中国医药工业百强企业排名和中国医药商业百强企业排名（见表 13-6 和表 13-7）。

表 13-6 2019 年度中国医药工业百强企业排名

排　　名	企业名称
1	扬子江药业集团有限公司
2	修正药业集团股份有限公司
3	广州白云山医药集团股份有限公司
4	四川科伦药业股份有限公司
5	江西济民可信集团有限公司
6	石药控股集团有限公司
7	云南白药集团股份有限公司
8	上海复星医药（集团）股份有限公司
9	齐鲁制药有限公司
10	正大天晴药业集团股份有限公司
11	人福医药集团股份有限公司
12	天士力医药集团股份有限公司
13	江苏恒瑞医药股份有限公司
14	辅仁药业集团有限公司
15	北京同仁堂股份有限公司
16	山东步长制药股份有限公司
17	华北制药集团有限责任公司
18	仁和（集团）发展有限公司
19	江苏康缘集团有限责任公司
20	哈药集团股份有限公司
21	重庆太极实业（集团）股份有限公司
22	鲁南制药集团股份有限公司
23	浙江海正药业股份有限公司
24	翔宇实业集团有限公司
25	丽珠医药集团股份有限公司
26	浙江新和成股份有限公司
27	山东罗欣药业集团股份有限公司
28	万全医药控股（中国）有限公司
29	江苏豪森药业集团有限公司
30	东北制药集团股份有限公司
31	东阿阿胶股份有限公司

排　名	企业名称
32	江苏济川控股集团有限公司
33	昆药集团股份有限公司
34	浙江医药股份有限公司
35	康恩贝集团有限公司
36	瑞阳制药有限公司
37	贵州信邦制药股份有限公司
38	江苏先声药业有限公司
39	普洛药业股份有限公司
40	天津中新药业集团股份有限公司
41	吉林万通集团有限公司
42	哈尔滨誉衡药业股份有限公司
43	重庆智飞生物制品股份有限公司
44	山东新华制药股份有限公司
45	山东绿叶制药有限公司
46	浙江华海药业股份有限公司
47	石家庄四药有限公司
48	石家庄以岭药业股份有限公司
49	漳州片仔癀药业股份有限公司
50	深圳信立泰药业股份有限公司
51	亿帆医药股份有限公司
52	三生制药集团
53	葵花药业集团股份有限公司
54	天津红日药业股份有限公司
55	通化金马药业集团股份有限公司
56	国邦医药化工集团有限公司
57	亚泰医药集团有限公司
58	北京泰德制药股份有限公司
59	贵州益佰制药股份有限公司
60	瀚晖制药有限公司
61	辰欣药业股份有限公司
62	浙江仙琚制药股份有限公司

续表

排　名	企业名称
63	海思科医药集团股份有限公司
64	山西振东制药股份有限公司
65	哈尔滨圣泰生物制药有限公司
66	山东鲁抗医药股份有限公司
67	吉林敖东药业集团股份有限公司
68	长春金赛药业股份有限公司
69	广西梧州制药（集团）股份有限公司
70	贵州百灵企业集团制药股份有限公司
71	九芝堂股份有限公司
72	山东金城医药集团股份有限公司
73	施慧达药业集团（吉林）有限公司
74	神威药业集团有限公司
75	亚宝药业集团股份有限公司
76	成都康弘药业集团股份有限公司
77	山东齐都药业有限公司
78	黑龙江澳利达奈德制药有限公司
79	黑龙江珍宝岛药业有限公司
80	通化东宝药业股份有限公司
81	上海景峰制药有限公司
82	广州市香雪制药股份有限公司
83	山东福牌阿胶股份有限公司
84	上海和黄药业有限公司
85	海南海灵化学制药有限公司
86	湖南尔康制药股份有限公司
87	中美天津史克制药有限公司
88	江西中进药业有限公司
89	上海神奇制药投资管理股份有限公司
90	天圣制药集团股份有限公司
91	武汉健民药业集团股份有限公司
92	广东康臣药业集团
93	金宇生物技术股份有限公司

续表

排　　名	企业名称
94	常州四药制药有限公司
95	凯莱英医药集团（天津）股份有限公司
96	晶珠藏药集团
97	江苏吴中医药集团有限公司
98	广誉远中药股份有限公司
99	桂林三金药业股份有限公司
100	烟台荣昌制药股份有限公司

表 13-7　2019 年度中国医药商业百强企业排名

排　　名	企业名称
1	国药控股有限公司
2	华润医药商业集团有限公司
3	上药控股有限公司
4	九州通医药集团股份有限公司
5	修正药业集团股份有限公司
6	广州医药有限公司
7	瑞康医药集团股份有限公司
8	南京医药股份有限公司
9	中国医药健康产业股份有限公司
10	华东医药股份有限公司
11	重药控股股份有限公司
12	浙江英特集团股份有限公司
13	山东海王银河医药有限公司
14	嘉事堂药业股份有限公司
15	安徽华源医药集团股份有限公司
16	云南省医药有限公司
17	中国北京同仁堂（集团）有限责任公司
18	石药集团河北中诚医药有限公司
19	四川科伦医药贸易有限公司
20	广西柳州医药股份有限公司
21	天津天士力医药营销集团股份有限公司
22	鹭燕医药股份有限公司

排名	企业名称
23	民生药业集团有限公司
24	同济堂医药有限公司
25	云南鸿翔一心堂药业（集团）股份有限公司
26	大参林医药集团股份有限公司
27	万全医药控股（中国）有限公司
28	湖北人福医药集团有限公司
29	陕西医药控股集团派昂医药有限责任公司
30	哈药集团医药有限公司
31	安徽天星医药集团有限公司
32	江西汇仁医药贸易有限公司
33	天津中新药业集团股份有限公司医药公司
34	江苏先声药业有限公司
35	广东通用医药有限公司
36	重庆桐君阁股份有限公司
37	江苏省医药有限公司
38	福建同春药业股份有限公司
39	重庆智飞生物制品股份有限公司
40	江苏康缘医药商业有限公司
41	浙江省医药工业有限公司
42	康美（深圳）医药有限公司
43	云南东骏药业有限公司
44	创美药业股份有限公司
45	青岛百洋医药股份有限公司
46	江苏润天生化医药有限公司
47	贵州康心药业有限公司
48	海思科医药集团股份有限公司
49	葵花药业集团医药有限公司
50	安徽省医药（集团）股份有限公司
51	上海上药雷允上医药有限公司
52	必康润祥医药河北有限公司
53	北京上药爱心伟业医药有限公司

续表

排　名	企业名称
54	西藏神威药业有限公司
55	黑龙江澳利达奈德制药有限公司
56	浙江震元股份有限公司
57	福建省医药集团有限公司
58	陕西华氏医药有限公司
59	江西五洲医药营销有限公司
60	山东罗欣医药现代物流有限公司
61	广东大翔药业有限公司
62	辽宁康迪医药有限公司
63	齐鲁医疗投资管理有限公司
64	海南海灵化学制药有限公司
65	康泽药业股份有限公司
66	厦门片仔癀宏仁医药有限公司
67	临沂医药集团有限公司
68	浙江恩泽医药有限公司
69	江西中进药业有限公司
70	民生集团河南医药有限公司
71	山东康诺盛世医药有限公司
72	山西亚宝医药经销有限公司
73	广州白云山医药销售有限公司
74	湖南达嘉维康医药产业股份有限公司
75	山西天士力康美徕医药有限公司
76	河南海华医药物流有限公司
77	礼来贸易有限公司
78	江西仁翔药业有限公司
79	四川康弘医药贸易有限公司
80	四川本草堂药业有限公司
81	吉林省统泰实业有限公司
82	青海晶珠医药有限责任公司
83	河南东森医药有限公司
84	西安怡康医药有限责任公司

续表

排　　名	企业名称
85	江苏大众医药集团
86	云南同丰医药有限公司
87	重庆长圣医药有限公司
88	辽宁汇明医药有限公司
89	云南医药工业销售有限公司
90	西安藻露堂药业集团中天医药有限公司
91	贵州科开医药有限公司
92	江苏澳洋医药物流有限公司
93	湖南同安医药有限公司
94	淄博众生医药有限公司
95	浙江海派医药有限公司
96	扬子江药业集团南京海陵药业有限公司
97	吉林市大千药业有限责任公司
98	北京红太阳药业有限公司
99	陕西华远医药集团有限公司
100	山东实成医药有限公司